真理

ポール・ホーリッジ [著]

truth 2nd Edition
Paul Horwich

入江幸男・原田淳平 [訳]

keiso shobo

サミラへ

TRUTH: 2nd Edition
by Paul Horwich

Copyright © Paul Horwich 1990 and 1998

TRUTH: 2nd Edition was originally published in English in 1998.
This translation is published by arrangement with Oxford University Press.

第 2 版への序文

『真理』の第 1 版とこの版の違いについては，三つの要因がある．第一に，ミニマリズムの理論に対するいくつかの新しい反論がこの八年間に現れたからである．私は以下でそれらに応え，とりわけ，アニル・グプタ（Anil Gupta），ハートリー・フィールド（Hartry Field），マーク・リチャード（Mark Richard），ドナルド・デイヴィドソン（Donald Davidson），バーナード・ウィリアムズ（Bernard Williams），スコット・ソームズ（Scott Soames），マイケル・デヴィット（Michael Devitt），クリスピン・ライト（Crispin Wright），ポール・ボゴシアン（Paul Boghossian）から投げかけられた疑念に応えようと試みている．第二に，簡単に訂正できるいくつかの誤りに加えて，ごくわずかであるが私のもともとの定式化を単純化し強化することができる箇所が，気になったからである．第三に，私は今や，[真理に関する] ミニマリズムが要求している，意味に関するよく練り上げられた見解，すなわち使用理論（a *use* theory）を持っているからである．この見解およびそれが含意することは本書に組み込まれている．ただし幾分大雑把にである．その完全な説明は，本書と同時に出版されるもう一つの著作『意味』（*Meaning*）の中に見ることができる．

変更を施した結果，この本のほとんどすべての節を多かれ少なかれ修正し，とりわけ命題の構造に関わる部分（問題 2），「嘘つき」のパラドクス（問題 10），真理はどんな基底的本性（underlying nature）も持たないと結論づける根拠（問題 14），真理の内在的価値（問題 19），否定（問題 25），曖昧さ（問題 28），発話の真理（問題 34），および「事実との対応」という概念（問題 35 と 36）に修正を施した．加えて「追記」では，真理のデフレ主義の本質を再説し，先ほど言及した批判に応答している．

私は，先ほどの哲学者に加えてフィリップ・デ・ルーロン（Philippe de Rouihlon），ジーザス・マステリン（Jesus Mosterin），マルセロ・ペラ（Marcello Pera），ガブリエル・ウスベルティ（Gabriele Usberti），そしてアルバート・ヴィッサー（Albert Visser）にも，第 1 版の改善策に関する彼らの助言に感謝したい．

第 1 版への序文

たいていの人々が真理について同意できる点はおそらく次の二つだけである．第一に，各命題はそれ自体が真であるための条件を指定する（例えば，雪が白いという命題が真であるのは，雪が白いときそのときに限る）．第二に，真理の基底的本性は神秘的である．この本全体の主眼は，これらの意見の第一のものを第二のものと対決させることである．私が示したいのは，真理は第一の平凡な意見によって完全に捉えられており，それゆえ実際，真理概念より日常的で分かりやすいものは存在しない，ということである．

この考え方の大雑把なアイデアは，20 世紀の多くの著名な哲学者——フレーゲ，ウィトゲンシュタイン，ラムゼイ，エイヤー，ストローソン，そしてクワインら——によって表現されてきた．たしかに私はこの考えの提唱に関して独創性を主張しているわけではない．しかしこうした強い印象を与える支持があるにもかかわらず，いわゆる「真理の余剰説（redundancy theory of truth）」は不人気なままである．思うに，これは真理の余剰説についての十分な説明がなされてこなかったからである．本書の目的は，こうしたギャップを埋めることである．私はこの考えの最良のヴァージョン——私が「ミニマリズム（minimalism）」と呼ぶもの——を見い出し，明確な定式化を与え，よく知られている様々な反論を取り上げ，哲学的帰結をいくつか示すことを試みた．私はこの取り組みが，真理のデフレ的観点がそれに値するような賛同を得る手助けとなることを期待する．これはデフレ的観点自体にとって良いだけでなく，それを巡る多くの論点への影響もまた極めて有益であろう．というのも，曖昧であるという世評にもかかわらず，真理という観念は哲学的理論において絶えず用いられているからである．例えば，科学の目的，言語の世界に対する関係，健全な推論の特徴や成功する計画の条件，を記述する際に真理という観念に依存しがちである．しかし，真理の十分な説明と，真理という観念が何のために用いられたり用いられなかったりするのかの理解を踏まえるときのみ，それら［真理という観念に依存するもの］を十分に理解し，評価することができる．

私の計画は以下の通りである．（第 1 章で）ミニマリズムの構想（the minimalist conception）を提示することから始め，以降の章で 39 の指摘された難問（それらは目次に記されている）に応答するという仕方で，ミニマリズムの構想

を純化し，擁護する．第 2 章から，これらの反論を扱い，真理の十分な理論について要求されていることに関する諸々の問題に回答し，ミニマリズムを他のデフレ的説明から区別する．第 3 章では，認知科学の法則における真理の役割は，ミニマリズムで説明できる機能を示しているに過ぎず，真理の理論的分析が存在すると期待するべきではない，と論じる．それから私は哲学的理論におけるその概念の使用について考慮し，これがしばしば混同の原因であることを示す．一般に，これらの論点は真理とは独立しているが，真理の混入が問題を複雑にしているだけなのである．これ［哲学理論における真理概念の使用］は，科学的実在論（第 4 章）や，メタ意味論や論理学の哲学（第 5 章）における問題を取り扱う際に解説される．私の前提は一貫して，命題が真理の担い手 (bearers of truth) だというものであるが，この考えに不満な読者に対しては，第 6 章でこの考えを支持する議論を提供している．最後に第 7 章で，真理は実在と対応するものだという感覚を取り扱い，この直観がミニマリズムの視座とどの程度一致するかを究明する．

　真理のこの構想を説明するために，私は指示や意味，信念，論理，曖昧さ，実在論，命題の観念といった様々な他の問題についても何がしかを語らねばならなかった．私はときにこうした領域でそれらについての十分な裏付けなしに，自分の見解を示した．私は，この本を焦点の絞られた短いものにしたいという願いに読者が共感し，またこの本の終わりまでには，これらの議論のうちのいくつかの素描が正当化されていると同意してくれることを願っている．

　ここで明確に述べられた観点は，私の論文「実在論の三つの形態」（雑誌 *Synthese* で 1982 年に公刊）でのいくつかの考えを発展させたものである．その論文はマイケル・ダメットやヒラリー・パットナムの様々な著作に対する応答であった．私は，真理についての彼らの結論に賛成しないが，彼らの思想の深さや創意からは恩恵を受けた．私自身がこれらと対照的な立場を仕上げることができたのは，この豊かな背景との対比においてのみだったのである．もう一つの恩義は，ハートリー・フィールドに対するものである．私は真理についてこの数年間に数度彼と対話を重ねた．私たちのどちらも今までに何かについて相手を説得した記憶はないけれども，多いに有益であったと納得して対話を終えたことを憶えている．ここで取り組んだ論点に関心のあるひとは，彼の論文「真理のデフレ主義的構想」を読むべきである．加えて，私は以下の人たちにも感謝したい．ネド・ブロックは，私の多くの草稿に目を通してくれ，いつ

ものように多くのもっともな助言を提供してくれた．マーカス・ジャクィントは，私の言うどんなことも完全には受け入れなかったが，それによって私は論証をより良くするように考えさせられた．ジョージ・ブーロスやディック・カートライトは，私が論理学の基礎やムーアとラッセルの初期の見解を理解する手助けをしてくれた．ジェリー・カッツ，トム・クーンそしてマッシモ・ピアテッリ-パルマリーニは，命題についての私の見解を整理することを勧めてくれた．タイラー・バージ，フランク・ジャクソンやボブ・スタルネイカーは，様々な鋭敏な観察によって，誤った方向へ向かうことから私を救ってくれた．同僚のデフレ主義者，アーサー・ファイン（「自然的存在論の態度」）とマイケル・ウィリアムズ（「私たち（認識論者）に真理の理論は必要か」）は，私とよく似た方向で考えて，仕事をしており，私は彼らと友好的な実り多い議論を何度も行なってきた．1988年の秋にフランスにいたときに，私はこの本の最後から二番目の草稿を書いた．そこでの応用認識論研究センター（the Centre de Recherche en Epistemologie Appliquée）のメンバーの親切に感謝したい．そしてアメリカ国立科学財団（the United States National Science Foundation）にもその時の経済的支援に対して感謝したい．私がそのプロジェクトについて議論したパリの分析哲学者たち——とりわけ，ディック・カーター，ピエール・ヤコブ，フランソワ・レカナティ，ダン・スペルベルそしてビル・ウルリッヒ——は，素晴らしい知的な環境を提供してくれた．彼らの示唆に富んだ鋭い批判がなかったなら，本書は不満足なものになっていただろう．

凡例

1. 傍点箇所は，原文でイタリック．
2. 全角［　］内は訳者による補足説明である．
3. 全角＜　＞は，文の構造をわかりやすくするための訳者の補足である．
4. 半角〈　〉は，原文での用法のままであり，〈p〉は，p という命題を表現する．
5. 訳注は脚注の初めに〔訳注〕としるす．

目次

第1章　ミニマルな理論 …………………………………………………… 1
　ミニマリズムの構想の素描 …………………………………………… 1
　代替理論の余地 ………………………………………………………… 9
　指摘された難問のまとめ ……………………………………………… 13

第2章　適切な定式化 …………………………………………………… 17
　問題1　真理が帰属するのは，どんな種類の存在者か． ………… 17
　問題2　真理のミニマルな理論の基礎的な原理とは何か． ……… 19
　問題3　同値図式の諸事例は，真理についてのあらゆる事実を説明するには十分でないように思われる． ………………………… 23
　問題4　ミニマルな理論は不完全である．なぜならば，ミニマルな理論は真理とそれに関係した現象，例えば検証や実践的成功，指示，論理的妥当性，主張などとの関係について何も語らないからである． ……… 26
　問題5　たとえミニマルな理論が，ある意味で，「十分」かつ「純粋」であるとしても，それにもかかわらず，ミニマルな理論は明示的にさえも定式化することができないほど厄介なので，不十分である． ……… 27
　問題6　もし「命題『雪が白い』が真であるのは，雪が白いときそのときに限る」のような双条件法のリスト以外に完全な真理の理論が本当に存在しないとすると，「命題 p が真である」ではなく「p」と常に言うことができるので，私たちの言語が「真」という語を含むべきであるということは説明不可能である．そのような観念を持つことにどんな利点も存在しない． ……… 34
　問題7　ミニマルな理論は真理の帰属によって何が意味されているのかを特定することに失敗する．それは真理述語の適用可能性に対する必要十分条件を提供しないからである． ……… 36
　問題8　ミニマリズムの構想は真埋自体と関係しているのか，それとも「真」という語と関係しているのか． ……… 40
　問題9　たとえ述語がそうであるように，真理述語も極めて通常とは異なるものだと認めるとしても——たとえ新しい形式の量化を回避する一方

vii

で，真理述語の特別な機能が，ある重要なことを語ることを可能にすると認めるとしても——真で・あ・る・こ・と・が真正の性質であるということが帰結しないことは確かである．........................... 41

問題10　もし同値図式が無差別に信頼されるとしても，悪名高い「嘘つき」のパラドクスは生じるだろう．........................... 44

第3章　真理概念の説明的役割 49

問題11　真理はある特徴的な結果と原因を持つ．例えば，真なる信念は実践的目的を達成することを容易にする傾向がある．このような一般法則は，真理の本性の観点からの説明を要求する．それゆえ，ミニマリズムの語りを越える，この性質の概念的あるいは経験的還元を提供するような，真理とは何であるかについての何らかの説明が存在しなければならない．(Putnam, 1978; Field, 1972, 1986; Devitt and Sterelny, 1989) 49

問題12　その他の法則のような一般化は，ある方法での探求の結果として得られる信念は真である傾向があるというものである．このこともまた，ミニマリズムの構想が真理の因果的・説明的本性を見過ごしていることを示している．........................... 51

問題13　更なる真理の説明的役割は，科学理論の真理がそれらの経験的成功を説明するという事実に存している．(Putnam, 1978) 53

問題14　たとえ真理についての私たちの一般的信念のすべてが（適切に補強された）ミニマルな理論から導出されるとしても，このことは真理のより深い分析を望めないということを含意しない．というのも，同値図式が・な・ぜ成立するのかを示す何かを発見することを望むことは理解できるからである．(Papineau, 1991) 55

第4章　方法論と科学的実在論 57

問題15　デフレ的な視点——つまり真理に関する実質的な観念の放棄——は，不可避的に相対主義に到る，つまり客観的な正確さのようなものは存在しないというアイデアに到るのではないか．........................... 57

問題16　それにもかかわらず，ミニマリズムの視点は，ある意味で反実在論的ではないのか．それは，科学理論が心から独立した世界への対応

を意図していることを否定しないのだろうか. ……………………… 58

問題 17　しかし［真理論は実在論と反実在論の論争に関わらないという］この結論はきわめて直観に反する．真理の本性が，実在の構造とそれを理解するための諸条件に直接に影響することは明白である．「真理」と「実在」が互いに意味論的に分離不可能であることは確かである．したがって，実在論論争に関するあるひとの立場は，どうしたらそのひとの真理構想から分けることができるのだろうか．………………………… 62

問題 18　もしミニマルな理論が含意しているように，真理が理想的探求の所産として定義されないのならば，なぜ私たちは理想的探求が真理を生み出すと信じているのか．…………………………………………… 66

問題 19　ミニマルな理論を仮定するとき，真理が，内在的な価値を持ち，実践的な有用性から離れて望ましいものであることは，どのようにして可能であるのか．………………………………………………………… 68

問題 20　ミニマリズムは，真理に向かう科学の進歩の観念をどのように取り込むことができるのか．……………………………………………… 69

問題 21　真理についてのミニマリズムの概念の視点からは，科学的方法の適切な正当化を産み出すことは不可能である．(Friedman, 1979) … 70

第 5 章　意味と論理 ……………………………………………………… 75

問題 22　デイヴィドソン（Davidson, 1967）が議論したように，文，例えば「タキオンは時間を逆進できる」を理解することは，その文が真であるために何が事実でなければならないかを理解するという問題，あるいはその真理条件を知るという問題である．すなわち［上の文を理解するときに］ひとは，「タキオンは時間を逆進できる」が真である iff タキオンは時間を逆進できる，ということに気づいていなければならない．それゆえに，この［真理条件の］知識は「…は真である」の理解を構成するためにも役立つというミニマリズムの主張には賛成できない．なぜなら，その場合には一つの等式のようなもの［T 文］と二つの未知のもの［文の意味と真理概念］に向き合うことになるからである．もし「タキオンは時間を逆進できる」の真理条件の知識がその文の理解を構成するならば，この［真理条件の］知識は，あらかじめ存在する真理の概念を前提するだろう．(Dummett, 1959; Davidson, 1984) …………… 75

目次　ix

問題 23　偽と否定についてはどうか. ……………………………………… 78

問題 24　フレーゲ（Frege, 1918）が述べたように，論理学は真理に関する学問である．したがって，真理の説明と論理学は，それらが同一ではないとしても，少なくとも確かに互いに結合しているはずである．しかし，ミニマルな理論は，無矛盾原理が真であることすら証明できない．……………………………………………………………………………… 80

問題 25　もしかするとミニマリズムは代替となる諸々の論理学を公正に扱うことができるかもしれない．しかしミニマリズムは，論理の基礎付け——他の論理学に対するある論理学の正当化——において真理が果たさなければならない役割を公正に扱うことはできない．…………… 82

問題 26　真理値ギャップはどのようにして認められるのだろうか．（Dummett, 1956）…………………………………………………… 84

問題 27　しかし，哲学は，非指示的な名前，曖昧性，倫理の情緒主義的概念，などの現象を取り入れるために，真理値ギャップを要求するのではないのか．………………………………………………………… 85

問題 28　多くの述語——たとえば，「青い」「小さい」「はげた」「山」など——が，確定した外延をもたないことは明らかだ．そのような述語がある特定の対象に適用されるとき，結果は間違いなく，真理値のない命題となる．……………………………………………………… 86

問題 29　評価的な発話が真理の主張を目的とするかどうか，あるいは，単なる感情の表現であるのかどうか，についてはメタ倫理学における重要な問題がある．しかし，この問題は，ミニマリズムによって瑣末なものになるだろう．…………………………………………………… 92

第 6 章　命題と発話 …………………………………………………… 95

問題 30　命題は，非常に疑わしい存在である．命題がどのようなものと考えられるべきであるかは明瞭でなく，命題の存在そのものに論争がある．それゆえに，命題を前提しない真理の理論を開発するほうが良いかもしれない．例えば，発話が真理の第一の担い手であると想定することによって，そうするのがよいかもしれない．……………………… 95

問題 31　命題に関するケースは，信念についてのある論理分析——それは信念状態を，ある種の存在つまり信念内容とひとの間の関係として解

釈する分析——の適切性を前提している．しかしこの前提は，よく知られた困難を伴っており，誤解されているように見える．..................... 100

問題 32 「命題 p が真である iff p」が，真理の概念を捉えていると考えられるかもしれないのは，真理が命題の観念の中に予め前提されていない場合のみである．しかし，この要求は間違いである．なぜなら，命題の観念の中心的な構成要素は，命題の同一性条件，つまり二つの発話が同じ命題を表現するための条件，の言明の中におかれているからである．しかし，これは，ひとが発話の相互翻訳可能性という用語でもっともらしく説明するアイデアである．次に，相互翻訳可能性は，同じ真理条件をもつこととして解釈されるに違いない．そして，真理の概念が，命題が何であるかを語る必要があるなら，真理の理論は，命題を前提することができない．..................... 102

問題 33 しかし，意味の「使用説」は，命題が存在しないことを含意している．なぜなら，もし翻訳が使用における類似性の問題であるなら，それは推移的な関係ではなく，したがって「相互翻訳可能な発話が共通にもつているもの」のようなものは存在しえないからである．(Harman, 1973) 105

問題 34 多くの哲学者は，もし命題が存在するならば，命題的真理は同値図式のようなものの対象となることに同意するだろう．しかし彼らは，発話の真理は「実在との対応」ないし他の実体的なものとの対応において成立する，と主張し続けるかもしれない．こうして発話に関しては，デフレ的な説明には論争の余地がある．この［デフレ的］立場は，まだ仕上げも擁護もされていない．(Field, 1986) 108

第 7 章 「対応」の直観 115

問題 35 言明の真理ないし偽が，実在の外在的側面への関係から生じる，ということは明らかに明白なのではないか．..................... 115

問題 36 ミニマリズムの反対，すなわち，言明はそれが対応する事実の存在によって真となるということは，［ミニマリズムと］同じ程度に明確なのではないか．..................... 116

問題 37 表象のあるケース（例えば，地図）は，明らかに，表象されているものに対する対応——構造的類似性——を含んでいる．言語的表象

の中にもそのような関係を期待することは道理に適ったことではないのか. ……………………………………………………………………… 119
　問題38　ミニマルな理論は，文の真理が，その諸部分の指示的性質にどのように依存するのかを示すことに失敗する. ……………………… 121
　問題39　指示の用語による真理の定義の大きな長所は，その説明が，指示関係についての自然的（因果的）理論で補足されて，最後には自然主義的で科学的に信頼できる真理の理論を生み出すかもしれない，ということである．(Field, 1972; Devitt, 1984) ……………………… 124

結論 …………………………………………………………………………… 131

追記 …………………………………………………………………………… 133
　1. ミニマリズムとは何か ………………………………………………… 133
　2. ミニマリズムは真理概念の適切な説明を与えるのか ……………… 139
　3. 何が真理の担い手か …………………………………………………… 143
　4. どれが基礎的な真理概念――命題的真理あるいは発話の真理，行為の真理なのか ………………………………………………………… 147
　5. ミニマリズムは，私たちの真理概念の本性に反対するものとして，真理自体の本性について語るべきことを持つのか …………………… 149
　6. ミニマリズムは真理の規範的重要性について何か語るべきことがあるのか ………………………………………………………………… 153
　7. しかしながら，真理の経験的一般化の存在――真なる信念が成功する行為を容易にするという事実を含む――は，真理は結局のところ基底的本性を伴った性質であると提案しているのではないのか ……… 155
　8. 真理は性質なのか ……………………………………………………… 156
　　結論 ……………………………………………………………………… 160

訳者解説 ……………………………………………………………………… 163
後書き ………………………………………………………………………… 176
文献一覧 ……………………………………………………………………… 177
索引 …………………………………………………………………………… 185

第1章　ミニマルな理論

ミニマリズムの構想の素描

「真理とは何か」と私たちは時々尋ねる．しかしこの問いはどちらかと言えば修辞的なものである．この問いは，もしよい答えがあるとしても，それは非常に微妙で深く，発見が難しいものであり，それを探すことはおそらくは時間の無駄になるだろう，という敗北主義のような考えをもたらす．この［真理という］概念を取り囲んでいる深さと難しさの威圧的なオーラは，よく理解できるものである．というのも，一方で真理という観念は，思考と行為に関する基本的な本性や規範についての哲学的な理論化に浸透しているからである．例えば，「真理は科学の目的である」や「真なる信念は行動の成功を容易にする」や「真理は妥当な推論において保存される」や「ある文を理解することは，どの情況がそれを真にするのかを知ることである」や「評価的主張は真でも偽でもありえない」がその例である．真理の基底的本質への洞察は，そのような原理を評価したり説明したりすることを手助けすることで，私たちの概念図式の全体を明らかにすることを約束する．しかし，他方でまさにこの深遠さは，真理の本性の探求において，私たちが分析の限界にぶつかったことを示している可能性がある．事実，私たちが必要とするように思われる洞察の獲得に向けて，どんな進歩もほとんどなされてこなかったということに，多くの人が同意するだろう．真理が「事実との対応」の一種だという常識的な考えは，満足する仕方で解明されたことは一度もなかった．たとえその支持者であっても，この考えは，指針にしかならない曖昧な直観にとどまることを認めるだろう．しかし，伝統的な代替案——つまり真理と「信念の整合的な体系の成員資格」の同一視，真理と「理想的条件下で検証されるもの」の同一視，あるいは，真理と「行為の基礎としての適切さ」の同一視——は，常にうまくいく見込みがないように見える．なぜなら，正確に言うと，それらが「対応」の直観（'correspondence' intuition) と調和しないからであり，この信じ難いという雰囲気が，そのまま反例の実証となっているからである．したがって，独特の謎を持つ真理の特徴とは，真理の基底的本性についての理解が，必然的であると同時に不可能であるように思われる，ということである．

　私が思うに，この印象は完全に誤っており，これは次の二つの関連した誤解から生じる．第一に，真理は私たちの発見を待つある隠された構造を<u>もっている</u>．第二に，この発見は，ちょうど上に述べられたような主要な哲学的原理を説明する能力に依存しており，その結果，論理学や意味論や認識論における多数の問題を解決する能力にも依存している．

　これらの誤解の主な原因は，思うに，言語的な類推である．述語「磁気がある」は，その本性が量子物理学によって明らかにされる世界のある特徴，すなわち<u>磁気</u>を指定し，また「糖尿病である」は，生物学において特徴づけられるある現象のグループ，すなわち<u>糖尿病</u>を記述する．これと同様に「真である」は複雑な性質，すなわち<u>真理</u>——その基底にある構造がいつか哲学的ないし科学的分析によって明らかになると期待される実在の構成要素——を帰属させると思われる．問題は，——「真とは何か」という問いにおいてこのような結論を前提しがちだが——この結論が正当化されず，偽であることである．ある表現は，その表面的な形式によって何か偽装された意味を持つかもしれないが——これは，ウィトゲンシュタインが警告したように，誤った類推，哲学的混乱，そして解決不能な擬似問題を生み出しがちである．「存在する」という語が，［存在を性質だと見なすという］その悪名高い例を提供している．私たちがここで直面しているのは同種のことである．ほとんどの他の述語とは異なり，「真である」は，ある存在者（例えば，言明，信念など）に，ある普通の種類の性質——すなわちその基底的本性が実在の他の構成要素に対する関係を説明するであろう特徴——を帰属させるために用いられるわけではない．それゆえ，ほとんどの他の述語とは違い，「真である」は，それが言及するものについてのある深い理論——すなわちその適用のための一般的な条件を明確に述べる理論——に関わっていると期待すべきではない．したがって，表面的に類似した［他の］表現と同じだと考えることは，誤解を招くおそれがある．真理の役割は，そう思われているものとは異なる．

　実際，真理述語はある論理的な必要性のためにだけ存在する．ときに，私たちはある命題に対してある態度を採用することを望む．例えば，それを信じた

り，それを議論のために想定したり，それが事実であることを願ったりするという態度である．しかしその命題が正確には何であるかについて無知であるために，ある態度を採用することが妨げられることがある．私たちは，その命題を，「オスカーが考えていること」や「アインシュタインの原理」としてのみ知っているかもしれない．あるいは，その命題は表現されているが，十分にはっきりと，ないし声に出して表現されていないか，あるいは，私たちが理解できない言語で表現されているかもしれない．あるいは，――これは特に論理学や哲学の文脈でよくあることだが，（一般化しようとして）無限に多くの命題を扱おうと望むかもしれないが，それらをすべて思い浮かべることは単純に不可能である．

そのような状況では，真理概念は貴重である．というのも，真理概念は，私たちには同定できない命題と密接に関係しており，［命題的］態度が向かう対象の代替としてまったく適切であるような他の命題を作るからである．

次の例を考えてみよ．

(1) オスカーが語ったことは真である

ここで，私たちは次の形式の文を持つ．

(2) x は F である

これの意味は，x の同一性についてのより多くの情報が与えられているとすると――つまり

(3) $x = $ 命題 p

という形式の前提が与えられているとすると――私たちは，

(4) p

を推論する資格を有する，というものである．そして，真理を含む命題がその有用性を引き出すのは，まさにこの推論的性質からである．というのも，この推論的性質が，一定の状況において，命題を，信念や想定や欲求などの唯一の適切な対象にするからである．例えば，私は食べ物についてのオスカーの判断に絶大な信頼をおいており，その彼がウナギは美味しいとまさに主張したのだが，私は彼の発言を完全には聞き取れなかったと想定せよ．このとき合理的に

考えて，私はどんな信念を得るのだろうか．ウナギは美味しい，でないことは明らかだ．むしろ必要なのは，オスカーが語ったことが同定されたとしたらそれから帰結するような命題——すなわち，次の命題と同値の命題——である．

(1*) もしオスカーが語ったことが<u>ウナギは美味しい</u>であるならば，ウナギは美味しい，かつもし彼が<u>ミルクは白い</u>と語ったならば，ミルクは白い，…など

真理概念の<u>存在意義</u>は，私たちにそのような命題すなわち (1) を提供することである．

他の例として，私たちは次のような排中律を述べたいのだとしよう．

(5) すべてのものは赤であるか赤でない，かつ幸せであるか幸せでない，かつ安価であるか安価でない，…など

私たちの問題は，これらの事例すべての無限に連なる連言がもつ直観的で論理的な力を備えた，単一の有限な命題を見つけ出すことである．真理概念は一つの解決策を提供する．

(6) すべてのものは，赤であるか赤でない

は次の文と同値であると知られている．

(6*) 命題「<u>すべてのものは，赤であるか赤でない</u>」は真である．

他の事例についても同様である．したがって，全称選言命題の無限の連なりは，それとは異なる次のような主張の無限の連なりへと変形されるだろう．そこでも同じ性質，すなわち<u>真理</u>が，構造的に類似した命題的対象の集合の要素すべてに帰属するだろう．そして，こうした形式によって，これらの主張全体は，通常の全称量化された一つの言明において捉えられるかもしれない．すなわち，

(5*) 〈すべてのものは，F であるか F でない〉という形式のすべての命題は，真である．

真理概念が哲学的反省の中にこれほど浸透しているのは，まさにこの役割においてであり，本性が不可解な構成要素の名前としてではない[1]．

真理という観念がこうした役割を果たすと認めることは，単純にどんな平叙

文

(4) 　p

に対しても，次のような同値文

(4*) 　命題 p は真である

が与えられているということである．ここでは，元の文は，名詞句「命題 p」に変換されており，元の文は任意の対象を指示する変項に変わりうる位置を占めている．またここでは，真理述語は，単に文という構造を維持するために役立っているに過ぎない，すなわち真理述語は，単に脱名詞化（*de-nominalizer*）として働いている．他の言葉でいうと，真理述語がその機能を果たすためには，次のことを認めねばならない．すなわち，

(MT) 　命題「クオークが本当に存在する」が真であるのは，クオークが本

---

(1) 私たちが真理述語によって実際に表現しているものを提示する別の仕方を考案できることに注意しよう．文変項と述語変項，さらに代入量化（*substitutional* quantification）を導入すると，私たちの思考はぎこちないながら次のように表現可能である．
　(1**) どの文に対しても，オスカーがそれを主張したならば，それ
あるいは，論理的に表記するならば，
　(1***) $(p)(\text{オスカーが}p\text{と主張した} \to p)$
そして，
　(5**) どの述語が与えられたとしても，あるものはそれであるかそれでないかである
あるいは，
　(5***) $(F)(x)(Fx \lor \neg Fx)$
しかしながら，変項「それ」と「p」と「F」は，名詞句に置き換えられて，対象を指示するような通常のものではない．むしろ，「F」は「述語の代用」（pro-predicate）として解釈されるべきであり，「p」は「文の代用」（pro-sentence）として解釈されるべきである．さらに，こうした変項に関する一般化は，すべての対象がある性質を持つと述べる通常の仕方では理解できないが，すべての正当な代入事例の真理を主張するものとして理解しなければならない．したがって，(1**) は直観的に，「オスカーが p と主張した $\to p$」の「p」に英語の平叙文を代入したどんな結果も真である，ということを意味するのである．
　真理述語の利点は，この種の新しい言語的装置 [文変項，述語変項，代入量化] を用いる必要に迫られることなく，真理述語によって私たちが望んでいることを言えることである．真理述語によって，私たちは文と述語に関する代入を一般化した結果を得ることができる．しかし，対象を範囲とする通常の変項（すなわち，代名詞）によって，この結果を得ることはできない．この点に関する議論については，第 2 章の問題 6 への回答を参照せよ．

当に存在するときそのときに限る，命題「嘘をつくことは悪い」が真であるのは，嘘をつくことは悪いときそのときに限る，…など

しかしながら，真理についてこれ以上のどんなことも想定される必要はない，ということを認めねばならない．真理の概念的理論的役割のすべては，これに基づいて説明されるだろう．これは，真理の本質を認識しようとする伝統的な試み——すなわち，おそらくすべての真理に共通している特別な質を分析しようとする試み——は，統語論的な過度の一般化に基づいた単なる擬似問題である，という私たちの疑惑を確証する．他のほとんどの性質と異なり，真であることは概念的分析や科学的分析の影響を受けない．その「基底的本性」が，哲学的解明に頑固に抗ってきたのは不思議なことではない．なぜなら，そのようなものは単に存在しないからである．

この種のデフレ的考えは，魅力的な仕方で，神秘性を取り除いてくれる[2]．それにもかかわらず，この考えが広く受け入れられて来なかったのは，これがたくさんの手強い理論的かつ直観的反論を抱えているからである．この本における私の狙いは，指摘された難問すべてを扱うことができる形式のアプローチを考案することである．難問のうちのいくつかは，この理論の一定のヴァージョンの中に見られる真正の欠陥を暴き，デフレ的立場のより良い定式化の必要性を明らかにする．しかしデフレ的立場に対するほとんどの不満は，それらに値する以上の重要性が置かれてきたに過ぎない．実際，私は，このアプローチが過小評価されてきたのは，どちらかと言えば，それに対する反論の質よりは，反論の数の多さのせいだと考える．より肯定的な言葉で表現するならば，私の計画は，真理の概念に関する極めてデフレ的な理論，——しかし科学的方法論や科学それ自身の中でのこの観念［真理］の役割を説明でき，次のような問い

---

(2) 多かれ少なかれ，真理についてのデフレ的見解は（様々な形式で，様々な程度で），フレーゲ（Frege, 1891, 1918），ラムゼイ（Ramsey, 1927），エイヤー（Ayer, 1935），ウィトゲンシュタイン（Wittgenstein, 1922, 1953），ストローソン（Strawson, 1950），そしてクワイン（Quine, 1970）によって支持され，擁護されている．近年では，この考えはグローバー，キャンプとベルナップ（Grover, Camp, and Belnap, 1975）やリーズ（Leeds, 1978），ホーリッジ（Horwich, 1983a），A. ファイン（A. Fine, 1984），ソームズ（Soames, 1984, 1997），フィールド（Field, 1986, 1994），M.J. ウィリアムズ（M. J. Williams, 1986），ロアー（Loar, 1987），ボールドウィン（Baldwin, 1989）そしてブランダム（Brandom, 1988, 1994）によって発展してきた．

への答えを見つけられるようにする理論——を提供することである．すなわち，真理の把握は何に存するのか．なぜ真理を信じることは実践的に有用であるのか．［有用性に］加えて，そのような信念に何らかの純粋に内在的な価値が存在しうるのか．科学は真理を目指し，それに向けて進歩するのか．真理に関する私たちの構想は，様々なタイプの事実の本性やそれらを発見するための私たちの能力に影響するのか．真理は意味論における説明上不可欠の概念なのか，それとも何らかの経験科学における説明上不可欠の概念なのか．私は，デフレ的観点に関する最良の記述だと信じるものを述べることから始めよう．なぜなら，それは，次の同値図式（equivalent schema）

(E)　p が真である iff p

　　(It is true that p if and only if p)

の議論の余地のない事例によって表現されるものだけを含んでいるからである．私の真理の理論を「ミニマルな理論」（*the minimal theory*）と呼ぼう．そして，その理論の適切さのための包括的見解を「ミニマリズムの構想（*the minimalist conception*）と呼ぼう．デフレ的アプローチに対する標準的な批判が，見当違いであるか，克服可能であるか，のどちらかであることを，適切な定式化を用いて示し，代替案と比較してこの理論の利点を示し，諸々の問いに答えることで，意味論，心理学そして科学哲学における問題に関してミニマリズムが含意していることを引き出したい．単純さと自然言語との同形性のために，私は真理の説明を命題について展開することから始める．しかしながら，私はミニマリズムの構想が，発話や心的態度や他のタイプの存在者にも同様に適用されることを続いて議論する．

　ミニマリズムはあまりにも明白であり，またあまりにも弱い主張なので，どのような重要な哲学的含意も持っていないと考えられるかもしれない．この不安を，少なくとも予備的な方法で，和らげることを試みよう．実際の証明は，もちろん，このプロジェクトの遂行において行われる．予期されるかもしれない「哲学的含意」の二つのタイプを（非常に大雑把に）区別することから始めたい．第一に，真理に関わる一般的原理が存在する．例えば，検証が真理を示すという事実，真なる信念が行為の成功をもたらすという事実である．第二に，曖昧さに関するパラドクスや科学的実在論に関する論争のような哲学的問題に対する解決策が存在する．ミニマリズムの構想によれば，同値図式は，その自

明さと弱さにもかかわらず，弱すぎて重要な哲学的含意を持てないということはない——少なくとも，最初の分類［哲学的含意の第一のタイプ］の内部では．これとは反対に，私たちの主張は，ミニマルな理論に基づいて真理に関わる事実すべてを説明できるということである．これは実際には，かなり難しい注文であるように思われるかもしれない．しかし，説明を要する興味深い事実のほとんどは，真理と他の事柄の間の関係にかかわっていることを忘れないでほしい．そのような場合には，それらの他の事柄についての理論を用いるのがまったく適切なことであり，真理の理論が単独ですべての説明を果すことを期待するのは適切ではない．この方法論的論点に留意するとき，ミニマルな理論が真理の理論のなすべき説明をなすことができると想定することは，より説得力を持つようになる．

「哲学的含意」の第二のクラス——すなわち，［哲学的］諸問題に対する解決策——に関しては，これらの解決策が，ミニマルな理論それ自体（すなわち，同値図式の事例）からではなく，ミニマリズムの構想（すなわち，われわれの真理の理論は単に同値図式の事例を含むだけであるべきだという主張）から帰結することを，ひとは期待するかもしれない．哲学的問いは，大体は単純な無知というよりは混乱に基づいている．それゆえ，真理の特徴を明らかにする説明は，真理に関わると考えられるどの問題についても，より明確な見通しを可能にするだろう．その説明自体は，どんな解決策も決して含まないし，示唆することさえないかもしれない．しかし，その説明が混乱の発生原因を解明する限りにおいて，それらの問題を生み出している概念的もつれを解く助けになるのであり，それによって問題の解決を容易にするのである．限定的なケースでは，［ミニマリズムの］真理の構想が，このような成果を達成するのは，次のことによる．すなわち真理のこの構想によって，真理という観念は，一般に考えられているのとは違ってそれらの問題に関わってさえいないことを私たちが理解できるようになる，ということによる．真理がどんな役割も果たさないという認識は，解決に必要な明晰さを獲得するために不可欠であるかもしれない．したがって，いくぶんか逆説的にいうと，真理の理論と関連するものは，真理と無関係なものに関わる重要性を持つのかもしれない．思うに，これが頻繁にある状況なのだ，と私たちは知ることになるだろう．例えば，科学的実在論をめぐる議論を考えてみよ．通常，真理はその問題の本質的な構成要素であると見なされている．例えば，「真理に関する実在論的構想」や，「真理に関する反実

在論的構想」への言及に出会う．また，理論的主張の意味についての問い，私たちがそれらを信じる権利についての問い，それらが真であるとはどういうことかについての問い，これらはすべて，ひとつの大きな問題の構成要素として一括してまとめられる．哲学的に困惑させる観念のこのようなもつれ合いが，実在論の論争が極めて理解しがたく，手強いものであると知ることになる理由である．真理のミニマリズムの構想のために私が主張していることは，その構想自体が実在論ないし反実在論を生み出している，ということではない．むしろこの構想は，私たちが，実在論論争の主要な側面は真理とは無関係であると理解するのを容易にする．主な問題を明確化することによって，ミニマリズムは，それらの解決への長い道のりへと私たちを連れ出すのである．

代替理論の余地

真理のミニマリズムの構想をいくつかのよく知られた代替案と比較することは，その構想を受け入れる際に何が賭金になるのかに注意する手助けになるだろう．

対応

第一に，真理は実在と対応するという性質であるとする古くからの観念がある．この観念は，そのもっとも洗練された定式化では，言明の真理は，その構成要素が互いに配置される仕方や，それらの構成要素がどの存在者を表すのかに依存している，ということを意味するとされてきた．この線に沿った一つの戦略（Wittgenstein, 1922）は，ある言明が全体としてある事実を描写しており，その事実の構成要素は，言明の構成要素の指示対象であると想定し，またその言明が真であるのは，そのような事実が存在するときそのときに限ると想定する．もう一つの戦略（オースティン（Austin, 1950），タルスキ（Tarski, 1958），デイヴィドソン（Davidson, 1969））は，事実と構造という観念を持ち込むことなく，指示や述語-充足によって真理を定義することである．どちらの仕方でも，これらの対応理論は，指示について何が語られるかに応じて，更に分割される．例えば，ウィトゲンシュタイン（Wittgenstein, 1922）に賛成して，指示はまったく語り得ないと考えるかもしれないし，フィールド（Field, 1972）やデヴィット（Devitt, 1984）に賛成して，指示は自然的（因果

的）関係であると考えるかもしれないし，クワイン（Quine, 1970）やリーズ（Leeds, 1978）に賛成して，指示は意味論的上昇（semantic ascent）のための装置に過ぎないと考えるかもしれない．私たちのミニマリズムの観点からすると，こうした考えのうちの最後のものが正しい道筋に沿っている——指示と真理は平行した観念である——が，後に見るように，指示によって真理を説明することは誤りである．

整合性

第二の非常に流布している真理に関する見解は，整合説として知られている．信念体系が整合的であると言われるのは，その構成要素が互いに整合的であり，かつそれが全体としてある単一性を示すときである．こうした場合に，整合説によれば，体系全体とその各構成要素が真である．したがって真理は，信念の調和した体系に属しているという性質である．この方向は，観念論者のブラドレイ（Bradley, 1914）やブランシャード（Blanshard, 1939）によって要請され，ヘンペル（Hempel, 1935）によって，対応に関する不快な形而上学とみなしたものに対する唯一の代案として擁護され，よく似た理由のためにダメット（Dummett, 1978）やパットナム（Putnam, 1981）によって，彼らが真理を理想化された正当化と同一視する際に，（「検証主義者」の理論としてあるいは「構成主義者」の理論として）復活させられた．多くの哲学者にこの観点が誤っているという印象を与えたのは，私たちの真理概念の中心的な特徴と思われるもの，すなわち現実に真であることと，私たちが真であると信じる（あるいは，あらゆる可能な証拠が与えられたとしたら，信じるべきである）ことの間に何らかの不一致が存在する可能性，を認めることを拒否することである．なぜなら，私たちが発見できない事実（例えば，無限に多くの星が存在するという事実や，すべての偶数は二つの素数の和であるという事実）があることは，まったく想像可能であると思われるからであり，逆に，証拠が議論の余地のない仕方で示している結論が，時には，偶然に偽であるかもしれないからである．それゆえ，真理と検証は同一ではない．

プラグマティズム

第三に，ジェイムズ（James, 1909）やデューイ（Dewey, 1938）によって考案された，いわゆる真理のプラグマティックな理論があり，これは最近ではロ

ーティ（Rorty, 1982）やパピノー（Papineau, 1987）によって精緻化されている．ここでは，真理は有用性である．すなわち，真なる想定は最良に機能するもの——望ましい結果をもつ行為を引き起こすもの——である．しかしながら，整合説の場合と同様に，ひとはある強い相関関係を同一性だとみなすことに警戒するにちがいない．信念の真理と，信念が行為の成功を促進する傾向との関連は実際に存在するけれども，その関連の緊密さは誇張されるべきではない．結果として，真なる信念に基づいた行為がそれにもかかわらず，悪い結果となることもありうる．さらに，その結びつきは，確かにそれが有効である限りで，真理の定義において単に取り決められるのではなく，説明されるべきものである．

分析不可能な質

　第四に，——おそらく最も魅力に欠ける結論ではあるが——真理は，ある命題のみが持ち他の命題は欠いているような定義不可能で解明不可能な質——どんな説明も与えることができない根本的な性質——である，という一時のムーア（Moore, 1899, 1910/11）とラッセル（Russel, 1904）の主張が存在する[(3)]．これは，優れた代案は検討しつくされたと感じた者のみが頼みの綱としうるものであり，真理の観念に見通せない神秘性を与えるものである．

　これらの伝統的なアプローチは一般的に同値図式

　(E)　$\langle p \rangle$ が真である iff p [(4)]

の正しさを批判することはないが，しかしその完全性を問題にする．伝統的なアプローチは，同値図式が真理の本質的な本性を私たちに教えることを否定し，それゆえ同値図式を後に論じるように，良くても不必要であり，悪ければ誤りであるとみなす仕方で，内容の追加によってそれを膨らませる．この点をもう少し説明するためには，真理の他の説明を特徴づける様々な側面——各側面は理論的コミットメントの形式に応じて変わる——を想像することが役立つ．

---

(3)　ムーアとラッセルの初期の著作に見られるようなこの見解の検討については，カートライト（Cartwright, 1987）を参照せよ．
(4)　「命題 p」の代わりに「$\langle p \rangle$」と記し，「であるときそのときに限る」の代わりに「iff」と記すものとする．

1. ある説明は合成的（compositinal）であるかもしれないし，そうでないかもしれない——その説明は，命題の諸部分の意味論的性質によって，発話や命題の真理を定義するかもしれないし，そうでないかもしれない．例えば，このような仕方で膨らまされた理論は，次の原理

(T/R) 「a は F である」が真である iff 「a」が対象 x を指示し，「F」が x によって充足されるようなある対象 x が存在する

と関わっているかもしれない．ミニマリズムの方針は，真理や指示や充足と関係するそのような諸原理を否定することではなく，真理に関する理論がそれらを公理として含むべきではないと主張することである．そのかわりに，諸原理は，指示と充足に関する極めて特有なミニマリズムの理論と，真理の理論である一つの連言から導出されるべきである．

2. ひとは真理の概念的分析を，すなわち［真理］概念を含んだすべての言明の内容の（哲学的に問題のない用語による）特定を強く要求するかもしれないし，しないかもしれない．ミニマリズムはそのような定義を提供せず，そうしたものの必要性を否定する．

3. ある説明は，真理に関する何らかの実質的で還元的な理論——つまり真理を構成する基底的性質を指定する非定義的な分析——があると想定するかもしれないし，しないかもしれない．合成的説明という文脈での平行した論点は，指示と充足が複合的な関係的性質であるかどうか——ある哲学者によれば，一定の因果的諸観念へと還元可能であるかどうか——である．ミニマリズムの説明は，真理，指示ないし充足が複合的あるいは自然主義的性質であることを否定する．

4. ひとは真理自身の自明ではない有限な理論——すなわち，私たちが真理について信じているすべてのものの演繹を可能にするために，他の理論（物理学や数学など）と連結可能な真理についての言明の簡潔な集まり——を定式化しようとするかもしれないし，そうしないかもしれない．ミニマリズムによれば，そのようなものは存在しない．私たちは，真理の基礎的な理論——つまり「$\langle p \rangle$ が真である iff p」という形式の無限の双条件法——の中にあるものを語ることができるが，あまりにも多くの公理が存在するので，それを明示的に

定式化することはできない．

5．ひとは，真理を他の事柄，例えば，主張，検証，指示，意味，［行為の］成功ないし論理的伴立と分かち難く結びつける説明を提案するかもしれないし，そうしないかもしれない．ミニマリズムは，真理がある純粋性——つまり私たちの真理の理解が他の考えから適切に独立しているという純粋性——をもつという主張を含む．

したがって，私の説明は，コミットメントのこれらの側面について，それぞれ，理論的負荷がより少ない見解を採用するだろう．私の説明が提案する真理の理論は，ただ同値図式だけを含み，非合成的である．またそれは，真理と指示が複合的ないし自然主義的性質であることを否定する．またそれは，真理の帰属に関する消去的説明を主張しない．このようにして，ミニマリズムは真理に関する最大限にデフレ的な理論を目指す．このデフレ的理論は，完全ではあるが，真理とは無縁などんな内容も持たない——すなわち，真理についての理論，真理全体についての理論，ほかならぬ真理についての理論——である．

真理についての対応説，整合説，構成主義的説明，プラグマティズム的説明，そして原初主義的（primitivist）説明に対するミニマリズムの批判は，それらが誤っているということではないことを，強調したい．逆に，それらの各々の真なるヴァージョンが，注意深く要件を満たしつつ，調合されることも，極めてありそうに思われる．むしろ，主な反論は，真理の十分な理論に求められる説明の要求をどれも満たせない，ということである．とくに，どれ一つをとっても同値図式の諸事例が真である理由の適切な説明を提供していない．ミニマリズムは，説明の方向の逆転を含んでいる．同値双条件法に基づいて，伝統的な原理が成立する理由や成立の形式を容易に理解できると分かるだろう．実際，真理についてのあらゆる事実はこうした双条件法から自然に導かれる．それゆえ，真理に関する私たちの基礎的な理論を構成することができるのは，こうした双条件法なのである．

指摘された難問のまとめ

デフレ的アプローチへの反論は，六つの互いに関連する主題と関係していた．

適切な定式化. 真理の理論の一見説得力のあるヴァージョン——つまり明白な事実や単純性や説明力などを遵守する通常の方法論的基準を満たし，「嘘つき」のパラドクスによって反証されないようなもの——を提供することは簡単な事柄ではなかった．

真理概念の説明的役割. 真理概念が，科学的説明の諸形式（例えば，言語使用が実践的目的の達成に寄与することを説明するのに役立つなど）において用いられていることは明らかである．これに基づいて，デフレ主義は大事なこと——すなわち，真理に因果的性質を提供する自然主義的特徴——を見失っているに違いない，と論じられてきた．

方法論と科学的実在論. 科学の自然的（実在論的）見解は，科学が真理——つまりそれに到達するための私たちの能力から独立して存在しており，かつ私たちが，獲得するかもしれないどんな実践的な利益からも独立して，ある程度はそれ自体で重んじられるゴール——を目指し，徐々にそれに向かって進歩しているとするものである．この立場は真理の実質的観念——まさにデフレ的見解が避ける類の構想——を要求するように思われる．言い換えれば，どのような真理のデフレ的説明も，科学に対する反実在論の観点を含むように思われる．

意味と論理. 追加的な一群の反論は，意味論における真理の役割や，この役割を説明するデフレ的アプローチの能力と関係している．例えば，真理条件の知識によって理解を分析することや，真理や指示の概念を用いて文の意味がそれらの部分の意味に存する仕方を示すことや，真理が推論の諸規則を選ぶ際の規則の査定においては中心的な概念でなければならないと想定すること，そして様々な意味論的現象（例えば，曖昧さ，空名（empty names），表出的発話（expressive utterances））を，ある命題が真でも偽でもないかもしれないという考えを用いて取り扱うことはありふれているということ．真理のデフレ的理論は，こうした諸要求によって排除されると一般に想定されている．

命題と発話. 命題は，不明瞭で奇妙な存在者であるので，次の図式的原理を真理の説明の基礎にすることは望ましくないと思われる可能性がある．

(E)　命題 $\langle p \rangle$ が真である iff p

しかし，この原理は命題を前提している．同時に，発話の真理の自然なデフレ

的説明，すなわち次の引用解除図式（disquoatational schema）

(D) どの文「p」の発話も真である iff p

は，指標的表現（「私は空腹である」）や，外国語（「Schnee ist weiss」）や，その真偽が発話のなされる文脈に依存するすべての文-トークンに関して困難を抱えている．

「対応」の直観．ある表象が実在と対応することによって真とされるという考えは，大きな直観的魅力を備えているが，デフレ的見取り図の中にそのような概念が存在する余地はないように思われる．

こうした主題はそれぞれ以下の章で別々に取り扱われる．しかしながら，これらの主題を登場する順番に読む必要はない．ミニマルな理論が正確には何であるかが不確かである読者は，第2章を読み飛ばすべきではない．しかしそうでないなら，読者は直接に第3章，第4章，第5章に進むことができる．第3章では，ミニマリズムと対立するいくつかの影響力のある議論が退けられ，ミニマリズムに賛成するケースが取り上げられる．第4章と第5章では，ミニマリズムの含意が検討される．命題というものを警戒している読者は，命題への懸念が和らげられることを願っている第6章を先に読む方が良い．真理の対応説を好む哲学者は，最後まで待たずに第7章を読むほうが良い．第7章では，彼らの直観のほとんどが受け入れられるであろうことが分かる．

私は上で言及した批判を39個の具体的な問題や反論に整理した．以下では，こうした問題をより詳細に述べ，各ケースでは，私が十分だと考える回答を粗描する．真理に関する明晰で説得的で極めて包括的な見解が，明らかになることを願っている．

第 2 章　適切な定式化

　本書で擁護される真理の構想は，過去数百年に現れたその他のデフレ的説明と考え方において類似している．それは，真理は通常の性質ではなく，また真理の基底的本性の伝統的な探求は見当違いだったと様々な仕方で主張する．しかしながら，こうした説明のいずれもが多くの支持者を獲得できないでいる．また，哲学者の大多数は何らかの形の対応説や整合説，プラグマティストや原初主義者の描像に依然として同意するか，あるいはどんな優れた理論もまだ利用可能ではないと考えるかのどちらかである．文字通りのデフレ的提案に対する不満の一つの原因は，そうした提案が十分適切に評価されるほど完全ないし正確に描写されていないことにある．例えば，デフレ的理論は真理自体の本性と常に関わっているかどうか，あるいは「真」という語の意味だけに関わっているかどうかについては，常に語られているわけではない．不満の第二の原因としては，[真理についての]十分な説明が何をすべきかについての明示的な言明は評価問題を紛糾させるので，[デフレ主義者は]それを省く傾向があるということである．真理の理論のための適切な条件は不明瞭なままである．デフレ的見解に共通する第三の欠陥は，ある明らかに説得力を欠いたテーゼにコミットしていることである．例えば，真であるということはまったく性質ではない，あるいは「『p』が真である iff p」のすべての事例は正しい，などである．第四は，実際には論駁可能な批判が論駁されずにしばしば取り残されていることである．例えば，デフレ的理論は真理とは何かを語ることに失敗しているという批判や，あるいはデフレ的理論は真理が望まれることと調和できないという批判，などである．この章の目的は，ミニマリズムの構想の正確な特徴づけにたどり着くことである．また，それと同時に，これまでのデフレ的提案を悩ませてきたいくつかの悪名高い問題をどう取り扱うかを示す．

問題 1　真理が帰属するのは，どんな種類の存在者か．

候補の一覧は以下を含んでいる．(a) 発話——時空の特定の領域に位置する個々の音や印（例えば，1988年1月1日の正午にオスカーが語る，「私はお腹が空いている」という語），(b) 文——ある言語における表現のタイプ，すなわち，特定の発話によって例示される統語論的諸形態（例えば，「私はお腹が空いている」という英語の文），(c) 言明，信念，推測など——個々に局限された行為や心的状態（例えば，オスカーはお腹が空いていると信じているという正午のオスカーの状態），(d) 命題——信じられたり，言われたり，推測されたりなどするもの，すなわち，そのような状態の内容（オスカーが1988年の1月1日正午にお腹が空いていたということ）．私は日常言語に従って，真理は命題の性質だと仮定する[(1)]．したがって，もし私たちがオスカーに同意するのなら，彼が言ったこと，すなわち，彼が主張した命題に真理を帰属させる．明らかに，彼が用いた日本語の文タイプは真ではない．というのも，その文タイプはまさに，他の状況では偽の言明をなすために用いられるからである．また，通常，彼が作り出したノイズや心的状態を真として特徴づけたりはしない．こうした存在者は，「真理を表現するもの」や「真なる命題に関するもの」として描写されるのがより自然である．おそらく，私たちは真理を言明や信念や推測などに帰属させる．だがしかし，はっきりと私たちの念頭にあるのは，こうした言語的かつ心的行為の命題的諸対象が真であるということであって，こうした行為そのものが真であるということではない．

大体の場合，私はこの語り方に従うつもりである．この決定は決して瑣末なことではない．というのも，これは「命題」と呼ばれる種類のものの存在にコミットしているからである．しかしながら，このコミットメントは，問題含みであり擁護を必要とするけれども（第6章で提供する予定），最初に思われるほど重大なことではない．というのも，このコミットメントは命題の本性についてほとんど何も前提しないからである．確かに，ミニマリズムは，命題の観念が真理の観念に依存しないことを必要とする．なぜなら，ミニマリズムの概念

---

(1) 「pということは真である」という発話の観点からすると，真理述語の理論は真理演算子に関する別の理論で補われねばならないと思われるかもしれない．しかしこれはそうではない．「オスカーが語ったことは真である（It is true *what Oscar said*）」と同様に，「pということは真である（It is true *that p*）」を，最初の「It」が言及するもの，そしてそれは続く名詞節「pということ」によって補われるのだが，このようなものへの真理述語の適用として理解することができる．

的優位性の方向が逆だからである．すなわち，私たちの真理概念が「命題 p が真である iff p」という事例の受容によって構成される限り，既に命題を把握することができなければならない．しかし，この要求は［次のような］多くの可能性に開かれている．真理のミニマルな理論が関係している限り，命題は抽象的なフレーゲ的意義から構成されうるし，あるいは具体的な対象や性質からも構成されうる．例えば，それらはある特定の言語におけるある特定の文のクラス，あるいはある文の意味と相関する何らかの新しい還元不可能な存在者のタイプと同定されうる．私はこうした答えの中に選択すべきものは存在しない，と言うつもりはない．重要なのはむしろ，ミニマルな理論はそれらのうちのどの特定の一つも要求しない，ということである．したがって，いずれか特定の種類の「命題」にコミットすることを避けたいひとは，その点においては，ここで詳しく述べられた真理に関する構想に反対する必要はない．

さらに，真理は発話や言語的行為，心的行為に厳密には帰属可能ではない，という見解は実質的ではなく，以下本書で語られるいかなる重要なこともこの見解に依存しない．もしある意味で，発話が「真である」かもしれないと考えるならば，真理を表現する性質についての私の主張を，単純に自分の意味での「真理」についての主張とみなすことができる．真理述語が主張するという行為あるいは信じているという状態に適用されると考えるひとにとっても同様である．

問題2 真理のミニマルな理論の基礎的な原理とは何か．

この理論の公理は次のような命題である．

(1) 〈〈雪が白い〉が真である iff 雪が白い〉

そして

(2) 〈〈嘘をつくことは悪い〉が真である iff 嘘をつくことは悪い〉

言い換えると，その構造が以下の通りであるようなすべての命題である．

(E*) 〈〈p〉が真である iff p〉[2]

---

(2) この主張は，「嘘つき」のパラドクスに対応するために，問題10への回答においてわ

この「命題的構造」へと到達するためには，諸公理のどの一つからでも始めることができる．ここで留意すべきことは，それを表現する文が二つの複雑な構成要素へと分割されるかもしれないとことである．第一に，それ自体が一つの文であり，かつ二度現れる部分が存在する．(1) の場合は，以下である．

(3) 「雪は白い」

そして第二に，公理を定式化する残りのもの——すなわち，次の図式——が存在する．

(E) 「$\langle p \rangle$ が真である iff p」

今や，ある複雑な表現がある図式を一連の語に適用することから得られるとしたら，その表現の意味は図式の意味を一連の語の意味に適用した結果である．とりわけ，先に見たように，文

(1*) 「$\langle$雪は白い$\rangle$ が真である iff 雪が白い」

が (E) に (3) を適用した結果であるので，(1*) によって表現された命題は，図式 (E) によって表現されるものを (3) によって表現されるものに適用した結果である．言い換えれば，公理 (1) は命題的構造 (E*) を

(3*) $\langle$雪は白い$\rangle$

に適用した結果である．同様に，もし (E*) が

(4) $\langle$嘘をつくことは悪い$\rangle$

に適用されるならば，これは

(2) $\langle\langle$嘘をつくことは悪い$\rangle$ が真である iff 嘘をつくことは悪い$\rangle$

を生み出す．実際，どんな命題 y に適用されたとしても，この構造（あるいは関数）はミニマルな理論すなわち MT の対応した公理を生み出す[3]．

ずかに修正される．
(3) 私は，どんな表現 e を山括弧 $\langle$ と $\rangle$ で囲んだものも，e によって表現される命題構成要素を指示する表現を生み出すという慣例を用いている．

どの MT の公理の定式化における二つの文トークン [「$\langle p \rangle$ が真である iff p」の二つの

言い換えれば，MT の公理は次の原理によって与えられる．

p］も，互いに同じ内容を持たない．なぜなら，最初のもの［冒頭の $\langle p \rangle$］は［指示に関して］不透明な文脈において現れるが，2番目のものはそうではなく，結果として，これらの諸公理は単一の一項関数（命題的構造）を様々な命題に適用した結果とは実際にはみなしえない，と言われるかもしれない．もしこれが正しいとしたら（私は疑っているが），異なる仕方で進めなければならない．

　一つの代案は，ミニマルな理論の公理を次の文図式の事例によって表現される何かとして特徴づけることである．

　　(E)　「$\langle p \rangle$ が真である iff p」

しかしながら，この理論は日本語の文では (E) の事例だけには制限され得ない．というのも，おそらく現在の日本語で表現可能ではない命題［つまり未来の日本語で表現される命題］が存在し，それらの真理を問うことも取り扱わねばならないからである．それゆえ，定式化できない命題それぞれに対して，更なる「同値公理」が必要とされる．

　現在のところ，こうして追加された諸公理を詳述することはできないけれども（諸公理がそれについて語る命題を詳述できないのと同様に），私たちはそれにもかかわらず諸公理を同定することができる．これをするための一つの仕方は，外国語に言及することである．私たちは，真理の理論が同値図式の翻訳の諸事例によって表現されるどんなものも含むと想定することができる．例えば，フランス語の文による次の事例

　　(E-f)　「$\langle p \rangle$ est vrai ssi p」

や，ドイツ語の文による次の事例，

　　(E-g)　「$\langle p \rangle$ ist wahr gdw p」

など，すべての言語に対して当てはまる仮に，すべての命題がある言語において表現されると想定するとしたら，これは役立つ．しかしながら，私たちはまだ表現できない命題［未来において表現可能になる命題］の存在を許容したい．これを調停するために，すべての命題は，どんな現実の文によっても表現できないかもしれないが，少なくとも，ある可能的言語におけるある文によって表現される，と想定するかもしれない．そして，真理の理論は同値図式を可能的な言語へと翻訳した諸事例によって表現されるものだとみなすことができる．

　しかしながら，可能的な言語に言及する必要性が一度認識されると，現実の外国語を持ち込む理由はどこにもないと分かる．というのも，自身の言語に可能的拡張を施せば，自身の言語だけで済ますことができるからである．言い換えれば，定式化できない諸命題に対する「同値公理」は，もし私たちの同値図式において諸命題を定式化し，例化することができるとしたら，何が帰結するのか，を考慮することで特徴づけることができる．したがって，私たちは真理の理論の公理を，次の図式が日本語の何らかの可能的拡張における文によって例化されるときに表現されるものとして特定するだろう．

　　(E)　「$\langle p \rangle$ が真である iff p」

　別の方法としては，公理が表現される仕方という観点から，間接的に公理を同定する代わりに，公理すべてそしてそれだけが共有する命題的構造を直接的に特定することで問題を解決することができる．これは本文で採用された戦略である．

(5) どんな対象 x に関しても，x がミニマルな理論の公理であるのは，ある y に関して，関数 E^* が y に適用された時，その値が x であるときそのときに限る

論理的に表記すると次である．

(5*)　$(x)(x$ が MT の公理である $\leftrightarrow (\exists y)(x = E^*(y)))$ [4]

ミニマルな理論は，いくつかの驚くべき特徴——最初はこの理論への不満の根拠とみなされるかもしれない特徴を持っている．第一に，ミニマルな理論は真理が何であるかを明示的に語らない．すなわち，ミニマルな理論は「$(x)(x$ が真である iff …x…)」，あるいは「ある命題を真にするのは，それが特徴 P を持っているということである」のような形のどんな原理も含まない．それゆえ，真理についてのある一般的事実は，この理論では説明できないと疑われるかもしれない．第二に，ミニマルな理論は，指示，論理的妥当性，主張や探求の目的のような現象——どんな優れた理論も描写すべきである，真理と関係した概念——について言及しない．第三に，(ある形の命題として) MT の諸公理を特徴づけることはできるけれども，私たちは——二つの独立した理由によって——この理論を明示的に定式化することはできない．第一に，私たちがこの用語法で定式化する公理の数があまりにも多すぎる．それらは無限に多く存在し，それらのうちのどれもが表現可能であるけれども，全体を書き留めることは不可能である．第二に，現在の用語法では表現することができない多くの命題が存在する．それらに対応する同値図式の諸公理はそれ自体表現不可能であ

---

(4) パトリック・グリムは私に，ミニマルな理論は〈〈x〉が真である iff x〉という形の命題の集合としてはみなせないと指摘した．なぜならば，そのような集合は存在しないからである．この結論に賛成するのは，仮にそのような集合が存在するならば，その部分集合それぞれについて異なる命題が存在するだろうし，こうした命題に対応する理論の異なる公理も存在するだろうからである．それゆえ，MT の部分集合をその構成員のいくつかと相関させる一対一対応の関数が存在するだろう．しかしカントールの対角線論法は，そのような関数は存在し得ないことを示している．それゆえ，MT は集合ではない．この結果から，「〈A〉がミニマルな理論から帰結する」というようなことを言うとき，私たちは から帰結するという関係が〈A〉と何らかの存在者，すなわちミニマルな理論との間に成立していることを意味しているのではなく，むしろ〈A〉とミニマルな理論のある部分——つまり，〈A〉と〈〈p〉が真であるのは，p であるときそのときに限る〉という形の命題の集合との間に成立していると理解しなければならない．

る——既に見たように，諸公理が何であるかを指し示すことは可能であるけれども．続く数節では，MT がそれにもかかわらず真理の最良の理論であると結論するための正当化を吟味することにする．また，この理論特有の特徴を，最良の真理の理論に反していると考えるべきではない理由も見ていく．

問題3 同値図式の諸事例は，真理についてのあらゆる事実を説明するには十分でないように思われる．

　この理論の（そしてその他の理論の場合にも，その理論の）最初のテストは，その領域における現象と調和する能力である．言い換えれば，もし私たちの理論が良いものであるとしたら，真理についてのすべての事実を説明することができる．ミニマリズムが提供することができる種類の説明に関して三つの例を与えよう．

　(I)「スミスが語ったことは，真である」と「スミスが語ったことは，雪は白いである」から，「雪は白い」を導く．ミニマルな理論（MT）を仮定すると，この事実は次のように説明できる．
　　1. スミスが語ったことは真である
　　2. スミスが語ったこと = 〈雪は白い〉
∴　3. 〈雪は白い〉は真である． 　　　　　　　　　　　　　[1, 2 から]
　　4. 〈雪は白い〉が真である iff 雪は白い 　　　　　　　　　　[MT]
∴　5. 雪は白い 　　　　　　　　　　　　　　　　　　　　　　[3, 4 から]⁽⁵⁾

---

(5) なぜ，「可能的に雪は白い」が「スミスが語ったことは可能的に真である」や「スミスが語ったことは，雪は白いである」から導出されるかを説明するためには，単に言明4を想定するのではなく，むしろ以下を想定せねばならない．
　必然的に，〈雪は白い〉が真である iff 雪は白い．
したがって，真理の理論の諸公理は強化され，次の形の様相命題から構成されるとみなすべきだと思われる．
　〈必然的に，〈p〉が真である iff p〉．
しかしながら，代案となる戦略——そして私が好む戦略——は，真理の理論を非様相的で単純なままにし，代わりに，ある命題を単に真にするだけでなく必然的に真にするものを一般的に特定する必然性に関する別の理論から，その公理の必然性を導き出すことである．例えば，必然的な真理は説明上基礎的であることによって区分されていると仮定されるかもし

(II)　もしある命題が他の命題を含意しており，最初の命題が真であるならば，第二の命題もまた真である．以下がミニマリズムの説明である．

1. 論理学は次のような事実を提供する
   [犬が吠える &（犬が吠えるならば豚が飛ぶ）] → 豚が飛ぶ
   すなわち，次の形のすべての事実を提供する
   $[p \& (p \to q)] \to q$

2. それゆえ，MT が与えられたとしたら，引き続き次の形のすべての事実を説明することができる
   $[\langle p \rangle$ が真である & $(p \to q)] \to \langle q \rangle$ は真である

3. しかし，含意の性質から，私たちは次のようなあらゆる事例を得る
   $(\langle p \rangle$ が $\langle q \rangle$ を含意している$) \to (p \to q)$

4. それゆえ，次の形の事実を説明することができる
   $[\langle p \rangle$ が真である & $\langle p \rangle$ が $\langle q \rangle$ を含意している$] \to \langle q \rangle$ は真である

5. そしてそれゆえ，MT が与えられれば，私たちは次の事実を得る
   $\langle [\langle p \rangle$ が真である & $\langle p \rangle$ が $\langle q \rangle$ を含意している$] \to [\langle q \rangle$ は真である$] \rangle$
   は真である

6. しかし，以下は諸命題に特有の性質である．すなわち，どんな命題についての一般的な主張も——あらゆる命題のどんな特徴づけも——その特徴を個々の命題それぞれに関係づける特定の諸事実の無限の集合によって真にされる[6]

7. したがって，5 と 6 の観点から，次の一般的な事実を説明することができる
   $\langle [\langle p \rangle$ が真である & $\langle p \rangle$ が $\langle q \rangle$ を含意している$] \to [\langle q \rangle$ は真である$] \rangle$
   という形のすべての命題は真である

(III)　私たちは次のようなテーゼを承認する傾向がある．すなわち，「もしビルが望むすべてのことがビールを手に入れることであり，ただ頷くだけでそれを手に入れることができると彼が考えているとしたら，そのときもし彼の信

れない．この場合，MT が説明上基礎的だという趣旨の議論が与えられたとしたら，その公理は必然的だと結論される．したがって，私たちは同値図式の事例の必然性を，それを真理自体の理論に組み込まずとも，得ることができるだろう．

(6)　この前提に関する更なる議論については追記の5を参照せよ．

念が真であるとしたら，彼は自身が望んだものを手に入れるだろう」．この事実は次のように説明される．

次の想定から始める．
   1. ビルは〈ビルがビールを手に入れる〉ことを望む
   2. ビルは〈ビルが頷く → ビルはビールを手に入れる〉と信じている

加えて，ビルの信念，欲求や行為の間の関係について標準的な想定（「実践的三段論法（practical syllogism）」の事例）をすることができる．すなわち，
   3. [ビルは〈ビルがビールを手に入れること〉を望む ＆ ビルは〈ビルが頷く → ビルはビールを手に入れる〉と信じている] → ビルは頷く
                                                            [前提]
∴ 4. ビルが頷く   [1，2，3 より]

さて，議論のために，次のように想定しよう．
   5. ビルの信念は真である

言い換えれば，
   6. 〈ビルが頷く → ビルはビールを手に入れる〉は真である   [2，5 より]

また真理の理論から，私たちは次を手に入れる．
   7. 〈ビルが頷く c ビルはビールを手に入れる〉が真である iff ビルが頷く → ビルはビールを手に入れる   [MT]
∴ 8. ビルが頷く → ビルはビールを手に入れる   [6，7 より]
∴ 9. ビルはビールを手に入れる   [4，8 より]

しかし再び，真理の理論より，
  10. 〈ビルはビールを手に入れる〉が真である iff ビルがビールを手に入れる   [MT]
  11. 〈ビルはビールを手に入れる〉は真である   [9，10 より]
  12. ビルは自身が望んだものを手に入れる   [1，11 より]

第3章（の問題11への回答）で見るように，この種の説明は，真なる信念が成功した行為を生み出す仕方一般を示すために普遍化されるかもしれない．

ミニマリズムのテーゼによれば，その表現が真理述語に関わるすべての事実は以上の仕方で説明される．すなわち，真理については，同値図式の事例以上

のどんなものも想定することなく説明される(7).真理に関する哲学的に興味深い様々な事実を取り扱うことによって,この種の更なる説明は先に進むにつれて与えられるだろう.こうした説明は,真理の本性に関するどんな説明も,すなわち,「$(x)(x$ が真である iff $\cdots x \cdots)$」のような形のどんな原理も要求されていないとするミニマリズムのテーゼを確証するだろう.

問題4　ミニマルな理論は不完全である.なぜならば,ミニマルな理論は真理とそれに関係した現象,例えば検証や実践的成功,指示,論理的妥当性,主張などとの関係について何も語らないからである.

［真理に限らず］どんな現象 X の理論も,諸原理（すなわち,公理や規則）の集合であり,その理論は,そうした諸現象についてのすべての事実を最も単純な形で捉える限りで有効である.その理論は,単に X についてのいくつかの重要な事実を生み出し,そのことを当の理論に命じるようなものではない.また,X についてのすべての事実が明示的に一覧になっていたとしても,十分というわけではない.むしろ私たちが求めている理解は,説明的な関係についての何らかの解説を要求する.そこから他のすべてが説明されるような,X に関する最も基礎的な事実を見つけねばならない.もちろん,X についての理論に,それ自体ですべての説明的仕事を果たすことを期待しているわけではない.電子が象より小さいということは,電子の理論単独から導き出されるわけではない.象に関する理論もまた必要である.それゆえ,私たちの目的は,他の事柄に関する諸理論と一緒になって,すべての事実を生み出すような,X の単純な理論を見つけ出すことである.

時に,ある現象 X と Y に関して,X についての理論と,Y についての理論という,二つの異なる諸理論に区分することができないときがある.すなわち,私たちが発見することができる諸原理の最も単純で十分な体系が,X と Y の両方に関わっているときである.例えば,点と線と角についての幾何学的理論について考えてみよ.この理論は,点についての理論や線についての理論など

---

(7)　これはいささか大袈裟かもしれない.アニル・グプタ（Gupta, 1993b）が指摘したように,同値図式は,例えば,なぜジュリアス・シーザーが真ではないのかを説明することはできない.真理の完全な理論は,MT に加えて,「すべての x に関して,x が真であるならば,x は命題である」という公理を必要とするように思われる.

に分割することができない．私たちは時に，ある諸現象がこのような仕方で密接に互いに結びついていることを認識させられる．このことは，そうした諸現象についての重要な事実である．しかしそうではないとき，すなわち，XとYの異なる理論が与えられうるとき，そうした理論は与えられるべきである．そうでなければ，相互依存に関する誤解を招く思い違いが伝えられ，単純性と説明的洞察の原因が不十分に扱われてしまうのである．

　こうした理由から，もし可能であるとしたら，真理について語ることを，指示や論理，意味，検証などの理論から区別することは単に正当というだけでなく，重要であるように思われる．きっと，こうした事柄の間には興味深い関係が存在する．だが，真理と他の諸現象を理解しようとする限り，私たちの課題はそれらの間の関係を説明することであり，真理やその他の諸現象が存在すると単に認識することではない．それらすべてがそこから導出されうるような，最も単純な諸原理を見つけなければならない．この単純性というのは，各々の現象に関する個々の理論の存在によって促される．それゆえ，ミニマルな理論を他のどこかからの前提と結合することで，真理の諸性質を説明することは極めて適切である（例えば，前の節の説明における外部からの前提の使用，そのケースでは，心理学や論理学，計画に関する理論から導かれたのだが，そうしたものの使用に注意せよ）．ミニマリズムの長所は，その他の現象に関する理論と組み合わせて，真理についてのすべての事実を説明するために十分な他ならぬ真理の理論を提供することだと私は主張する[8]．

問題5　たとえミニマルな理論が，ある意味で，「十分」かつ「純粋」であるとしても，それにもかかわらず，ミニマルな理論は明示的にさえも定式化することができないほど厄介なので，不十分である．

　真理のミニマルな理論が提示されたとき，きっと最初の直感では，間違いなくそれを改善し，同値図式の無限の事例をコンパクトな定式化で捉えることができると想像することだろう．しかしながら，簡潔で説明的に十分などのよう

---

[8]　ミニマルな理論は真理を命題との関係において特徴づけるけれども，これら二つの諸現象の共同理論なのではない．というのも，真理に言及しない命題の先行する理論を与えることができるからである（第6章を参照せよ）．したがって，真理はミニマルな理論に関する唯一の予め説明されていない関心事なのである．

な真理の理論もあり得ないし，実際に一つも存在しないと私は主張するつもりである．そのような理論は，真理の諸性質を有限な諸原理にまとめるだろう．そしてその諸原理は，少なくとも，「$\langle p \rangle$ が真である iff p」という形式の無限に多くの事例を含む，真理に当てはまるすべてを生み出すだろう．さらに，その理論が説明的に十分であるとしたら，その理論は，それ自体が謎めいていて説明されていない概念を使用することなく，すべての事実を含まねばならない．しかしながら，これはどうしたらできるのだろうか．

ひとつの自然な提案は，次の単一の原理である．

(6)　$(x)(x$ が真である iff $\{\exists q\}(x = \langle q \rangle \& q))$

このとき，波括弧は日本語の文の代入量化を意味する．しかし，この考えはいくつかの理由でうまくいかない．第一に，代入量化を用いることは真理の概念の存在意義を公正に扱うわけではない．というのも，真理の概念は代入量化な̇し̇で済ますことを可能にするからである⁽⁹⁾．第二に，代入量化という概念はそれ自体が理論的解明を要する．しかし，どんな種類の解明をすることができるだろうか．真理という観点から言い表される標準的な説明に依存することは循環するだろう⁽¹⁰⁾．代案として，代入量化を支配する推論の諸規則の特定によって，代入量化という概念を特徴づけようと試みる．例えば，「普遍例化」のあるヴァージョンは，次の図式的規則である．

(7)　$\dfrac{\{q\}(\cdots q \cdots)}{\cdots p \cdots}$

しかしながら，これは

(8)　$\{p\} \dfrac{\{q\}(\cdots q \cdots)}{\cdots p \cdots}$

のようなすべての文 p に渡る量化としては定式化され得ない．なぜならば，この原理から

---

(9)　第 1 章の脚注(1)と本章の問題 6 を参照せよ．
(10)　「$\{\exists p\}(\cdots p \cdots)$」は「『$\cdots p \cdots$』における『$p$』を（ある程度拡張された）日本語の文で置き換えることによって形成されるある文は真である」を意味する．

(9) $\dfrac{\lfloor q \rfloor\ (\cdots q \cdots)}{\cdots 雪は白い\cdots}$

を得る方法が存在しないからである．また，今一度循環という代償を支払って，この図式のすべての事例が真理を保存するとする主張として(7)を解釈することもできない．唯一の代案があるとしたら，一見したところ単一の規則である(7)が，実際には諸規則の無限の集まりであると認識することだろう．すなわち，…p…の場所に置かれ得る「文脈における文」それぞれに対する規則だと認識することだろう．しかし，結局のところ，定式化不可能な理論を含んでいる．何も得られていないのである．だが，ある重要なこと（すなわち，代入量化なしで済ますために真理を用いること）が失われている．したがって，すべてを含めた最高の理論は代入量化の観点から真理を定義することとは関係していないように思われる[11]．

　無限に多くの公理の必要性を回避するために考案された別の魅力的なアプローチは，真理の理論を次の単一の命題

(10) 〈〈p〉が真である iff p〉のすべての事例は真である

として定式化することである．
しかしながら，これがうまくいかないのは明白である．なぜならば，例えば，これは

(11) 〈〈雪は白い〉が真である iff 雪が白い〉は真である

を演繹可能にするけれども，そこから次の結論

(1) 〈雪は白い〉が真である iff 雪は白い

を得るどんな資格も私たちは持っていない．この結論を得るためには，次のような推論の意味論的規則

---

(11) 代入量化の観点から真理を説明するという方針の更なる議論に関しては，それを採用する，グローバーとキャンプ，ベルナップ（Grover, Camp, and Belnap, 1975），ボールドウィン（Baldwin, 1989），ブランダム（Brandom, 1994）や，それを拒否するフォーブス（Forbes, 1986）を参照せよ．同様の困難は，他の方法で文の位置を量化することで真理を説明する見込みも阻んでいる．

(E#) $\dfrac{\langle p \rangle が真である}{\therefore p}$

を必要とする．これは，ちょうど見てきたように，個々の諸規則の無限の集合としてみなされねばならない．

タルスキ（Tarski, 1958）によって動機づけられたように，私たちの抱えている困難の解決策は，すべての命題の真理をその部分の指示や，部分がどのように結合しているのかという観点から定義することによって発見されると思うひともいるかもしれない．しかし，これははかない望みである．真理と指示は密接に関連しており，したがって，たとえ指示の観点から真理を特徴づけても，指示についてどんな説明も与えないとしたら，その理論は不十分である．しかし，そのような理論を提供するどの試みも，私たちが今格闘しているのと正確に同じ問題に再び直面する．というのも，真理の理論は次のようなすべてのものを含まねばならないからである．

(1) 〈雪は白い〉が真である iff 雪は白い

それゆえ，指示のどんな適切な理論も次の事実を含まねばならない．

(12) 「アリストテレス」という語によって表現される命題構成要素は，（もし存在するならば）アリストテレスを指示する

指示の場合，私たちの言語における有限である多くの原初的用語それぞれの指示対象をリストアップすることで，この問題は容易に解決すると思うかもしれない．しかし，これはそうならない．真理についての理解が同値図式の現時点で定式化可能な事例のリストを越え出て，どんな新しい文も例化され得るのだと教えるように，指示についての理解も同じように，私たちの現在の原初的語彙の指示対象の知識を越え出てしまうのである[12]．指示の理解は，潜在的に無限の新しい用語に及んでいる．結果として，代入変項 d が私たちの言語の可能な拡張において単称名辞に及ぶとき，次のような定式化へと追い込まれる．

(13) $(x)(y)(x$ が y を指示する iff $\{\exists d\}(x = \text{`}d\text{'} \ \& \ y = d)$ である)

---

[12] この点は，マックス・ブラックによるタルスキの理論の批判（Black, 1948）において強調されている．

したがって，代入量化に再び依存しており，それを無限の規則で説明する必要性があると分かる．すなわち，指示への真理の還元は結局役に立たないのだと分かる．

　MT の有限の公理を探求することについて更にいくつかの点を挙げよう．第一に，私がちょうど言及したものと正確に同じ問題が述語の充足という観点から真理を説明するプロジェクトにも生じる．すなわち，私たちは

(14) 「青い」という述語は青いものによって充足される

のような事実すべてを含むことができる充足の理論を付け加えねばならないだろう．しかし，またしてもどんな有限のリストも十分ではない．十分な理論は，

(15)　述語 F と連関した命題構成要素は，F であるものかつそれだけによって充足される

という形式の無限に多くの命題を含まねばならないだろう．それゆえ，ミニマルな理論の無限の特徴についての懸念は，真理を充足によって説明することでは緩和され得ない．

　第二に，これらの結論は，ある高度に人工的な言語 L に対して，「L において真」という概念を単に説明することを目指す限り，タルスキ自身のプロジェクトに不利になるわけではない．こうした言語それぞれが原初語の一定のストックを持っているので，「L において指示する」や「L において充足する」を有限の諸原理のリストを用いて説明することは可能である．しかしながら，私たちのプロジェクトはタルスキのよりも，ある点において，野心的である．私たちは「真である」——つまり命題がどのように表現されようと，あるいは表現されるかどうかに関係なく，命題に帰属するような性質——の理論を目指しているからである．同様に，「真理を表現する」——ある発話が表現される言語に関係なく，その発話に私たちが帰属させるであろう性質——の理論も探し求めている．「真」を定義する際，タルスキが「L において真」の定義において用いた戦略を利用することを誰かが望む可能性を考慮してきた．しかし，これはうまくいかないだろう——あるいは，そう私は主張した[13]．

　第三に，真理の有限で合成的な理論を手に入れる難しさは，フレーゲが言っ

---

(13)　タルスキに関する更なる議論については，問題 38 への回答を参照せよ．

たように，命題が語の意義――それは何らかの指示の理論を要するような存在者である――から構成されるという，暗黙的な想定から生じていると考えられる．そしてそのような問題は，ラッセルが提案したように，もし命題が具体的な対象と性質から構成されているとしたら，生じないと考えられる．というのも，この場合，私たちは次のように言うことができるからである．

(ET) $(x)(R)(S)[x$ が n 項関係 R と対象列 S から構成される命題である $\to$ (x が真である $\longleftrightarrow S$ が R を例化する)]

これは現状では問題ないけれども，十分ではない．なぜならば，これは例化の理論で補われる必要があるからである．そして，ここで古くからある問題が生じる．私たちは(ET)から

(1**) 〈雪は白い〉が真である iff 雪が白さを例化する

を導出することができるだろう．しかし，次の結論

(1) 〈雪は白い〉が真である iff 雪は白い

を得るためには，私たちは次の図式

x が R_1 性を例化する iff $R_1 x$

が必要である．そして同様に，一般的に，n の高次の値それぞれに対して次の図式

(Ex) $\langle x, y \rangle$ が R_2 性を例化する iff $R_2 xy$ である
 $\langle x, y, z \rangle$ が R_3 性を例化する iff $R_3 xyz$ である
 …など

を必要とする．この装置は，ミニマルな理論に劣らず無限である．したがって，もし私たちがラッセル流の「具体的な」命題に焦点を当てるとしたら，真理の有限な理論を与えることはちっとも簡単ではない．

別の考えは，可能世界の集合として命題を理解することである．そのような命題に対する真理の正しい定義は，同値図式というよりは，

(W) x が真である ＝ 現実世界が x のメンバーである[14]

であるように思われる．しかし，この場合もやはり，ミニマルな理論以上の長所を提示できていない．というのも，例えば，私たちは

(1***) 〈雪は白い〉が真である iff 現実世界が〈雪は白い〉のメンバーである

を得ることができる．そして，私たちは

(P) 〈p〉= {w | w においてp}

を想定している．それゆえ，私たちは

(1****) 〈雪は白い〉が真である iff 現実世界において雪が白い

を推論可能である．しかしながら，この点において行き詰まる．公理 MT を導出するためには，私たちは

　　　現実世界において雪が白い iff 雪は白い

を必要とするからである．そして，すべての公理を得るためには，私たちは次の図式のすべての事例を必要とする．

(MTA) 　現実世界において p である iff p である

したがって，有限な公理化は，現実性の観点からの真理の説明によっては達成されない．

　最後に，整合性やプラグマティックなアプローチのような真理の伝統的な理論，あるいは真理を自然的な性質と同一視するその他の方法を受け入れる方向を見ることでは，どんな手助けも見つけられない．というのも，どんな性質 F が真理と関係しているとしても，私たちが次の図式

(16) 　〈p〉が F である iff p である

の事例を説明することができる限り，同値図式の事例も説明することができるからである．そして，この無限の理論はミニマルな理論と同じくらい要約し難い．

---

(14) 　ハートリー・フィールド（Field, 1992）によって提案された．

私は，有限な定式化の中に，同値図式のすべての事例を含むことを期待すべきではないと結論する．すなわち，無限の公理が必要である．これは真理のどの十分な理論にとっても避けられない特徴であるように思われるので，MT を悪く思うべきではない．それゆえ，真理の理論は明示的に定式化され得ないことを認識せねばならない．私たちができる最良のことは，真理の基礎的な原理の暗黙的な特定を与えることである(15)．

問題 6　もし「命題「雪が白い」が真であるのは，雪が白いときそのときに限る」のような双条件法のリスト以外に完全な真理の理論が本当に存在しないとすると，「命題 p が真である」ではなく「p」と常に言うことができるので，私たちの言語が「真」という語を含むべきであるということは説明不可能である．そのような観念を持つことにどんな利点も存在しない．

この議論は既に取り扱った．しかし，これはしばしば「真理の余剰（redundancy）説明」と呼ばれるものに反するとしてしばしば頻繁に取り上げられるので，私の応答を繰り返そう．第一に，この理論に含まれる唯一の真理の適用は，次の形式の命題

(E*)　　〈〈p〉が真である iff p〉

に見られるという事実は，この理論は真理がはっきりと述べられた命題に帰属する場合のみを取り扱うことを意味しない．「アインシュタインの法則」が命題 〈$E = mc^2$〉 だとしよう．言い換えると，

(17)　　〈$E = mc^2$〉＝アインシュタインの法則

になる．この場合，最初の事例において

(18)　　〈$E = mc^2$〉が真である

に適用される真理の理論は，間接的に，

(19)　　アインシュタインの法則は真である

---

(15) MT がより基本的な公理という観点から説明されるべきだと期待しない理由に関する更なる議論については，問題 14 への回答を参照せよ．

にも適用されねばならない．ここでは，「真である」を取り除くことはできない．そして，真理述語がその価値を得るのは，そのような文における役割からなのである．これを見るために，どのようにして私たちは真理なしでやり過ごすのかを考えてみよう．次のように問題を大雑把に置き換えればならないだろう．

(20)　(x)(もしアインシュタインの法則が命題 p であるならば，x)

しかし，これは通常の方法では解釈できない．というのも，量化の通常の規約を前提すると，この文は二つの異なる仕方で不適格だからである．すなわち，二度目の「x」の現れは，通常の量化の範囲を越えた，不透明な文脈内にあるからである．さらに，諸対象を範囲とする変項が文の場所に現れている．こうした不整合を回避するためには，正当に不透明な文脈と文の場所を取り扱うことができる新しい形式の量化——代入量化——を導入することが必要である．すなわち，私たちは次の量化子を必要とする．

(21)　$|p|(\cdots p\cdots)$

これの意味は，

(22)　すべての対象 p が「$\cdots p \cdots$」を満たす

ではない．そうではなく，

(23)　「$\cdots p \cdots$」における「p」の場所への，日本語の平叙文のすべての文法的代入は，真理を生み出す

である．しかし，特別な文法規則や意味論的規則を伴ったそのような量化子は，私たちの言語への扱いにくい付加である．真理の概念の眼目は，真理がこの装置に対する単純な代案を提供するということにある．というのも，第1章で言及したように，真理述語はどんな文［たとえば p］も再定式化されることを許すので，その文の内容全体は，新しい主語［たとえば $\langle p \rangle$］——通常の対象量化に開かれた単称名辞——によって表現されるからである．他の言葉でいうと，「p」は「$\langle p \rangle$ は真である」になる．それゆえ，

(24)　$\langle x \rangle (x \to x)$

の代わりに，

(25) (x)(もし x が「$p \to p$」という形式の命題であるならば，x は真である)

と言うことができる．また，

(26) $\{p\}$(もしアインシュタインの法則が命題 p であるならば，p である)

の代わりに，

(27) (x)(もし x が〈もしアインシュタインの法則が命題 p であるならば，p である〉という形式の命題であるならば，x は真である)

と言うことができる．このことは，

(28) (x)(もし $x =$ アインシュタインの法則であるならば，x は真である)

と論理的同値である．そして一般的に，代入量化された次の式

(21) $\{p\}(\cdots p \cdots)$

に代わり，通常の対象量化された以下のもので済ますことができる．

(29) (x)(もし x が〈$\cdots p \cdots$〉という形式の命題であるならば，x は真である)

もちろん，私は真理述語がこの有用な機能を果たすために派生的に導入されている，と提案しているのではない．そうではなく，ちょうど描写したように，その有用性はその表れを説明するものだと提案している．というのも，もし真理述語にどんな価値もないならば，おそらく真理述語は使われなくなるからである．真理述語が持つ代替的機能の代わりとなる，もっともらしい候補は単に存在しないのである．

問題 7 ミニマルな理論は真理の帰属によって何が意味されているのかを特定することに失敗する．それは真理述語の適用可能性に対する必要十分条件を提供しないからである．

この問題の後半部分は完全に正しいけれども，前半部分の不満を正当化しない．なぜなら，ある述語の意味の満足の行く特徴づけがその正しい適用に対する必要十分条件という形式をとるということ——すなわち，明示的で消去的な分析をなさねばならないということ——は，事実ではないからである．その種の定義は，端的に，語の使用を特定する際の非常に単純な方法である．しかし，語の使用を特定するもっと複雑な方法も取り入れるべきである．したがって，目下の反論は，どんな種類の「真」の定義が必要とされるかに対する不必要な制限を前提している．一度この暗黙的な制限が緩和されたならば，ミニマリズムの説明はもはや不十分なものには見えないであろう．

　おそらくこの応答は，「真」の定義が採用すると考えられているいくつかの異なる形式を区別することで明確にすることができる．第一に，原子的定義（*atomic definition*）を提示しよう．すなわち，よく知られた次の形式の定義である．

　(30)　「真である」は「…」を意味する．

これは，「真」という語を，それが現れるすべての文脈から統一された方法で消去することを許す同義語を提供する．原子的定義の例は，「独身男」を「未婚の男」として定義することである．有用性を伴った真理のプラグマティストの同定がこの特徴を備えている．

　第二に，もう少し謙虚に，文脈的定義（*contextual definition*）を提示しよう．すなわち，「真」という語を含むどんな文もそれを含まない同義の文へと変換することを許す規則の集合である．このスタイルの定義のよく知られた例は，確定記述に関するラッセルの理論（Russel, 1905）である．すなわち，

　(31)　「その F は G である」は「ある G がすべての F と同じものである」
　　　を意味する

これは，定冠詞「その（the）」を，述語論理の概念——特に，「ある（some）」や，「すべての（every）」，「と同じもの（the same as）」——へと還元する．こうした線に沿った真理の部分的説明は，次の図式に含まれている．

　(E!)　「p が真である」は「p」を意味する

　第三に，「真」という語を消去することを可能にする種類の説明を提供しよ

第 2 章　適切な定式化　　37

うと試みることを放棄し，代わりに，暗黙的定義（implicit definition）を目指すかもしれない．すなわち，真理述語を含む諸原理の集合，あるいはその意味を確定する私たちのコミットメントを目指すかもしれない．例えば，少なくともどんな幾何学の諸公理も，その幾何学の諸定理を提供する際に用いられるので，それらはときに暗黙的に「点」や「線」という名辞の意味を決定するときに語られる．この線に沿った「真」の意味の説明は，代入量化された次の原理によって与えられるだろう．

(E+)　　$\{p\}(x)(x=\langle p\rangle \to (x が真である \longleftrightarrow p))$

最後に，真理述語の意味が一定の原理の集合体へのコミットメントにおいて捉えられることを否定するかもしれない．「真」の使用——したがってその意味——は，「私たちは『A』を受け入れる」のような単純な仕方ではなく，複雑な構造を伴った規則によって与えられる．この種の使用の定義の例としては，数に関する私たちの理解が，ペアノの諸公理を受け入れる傾向性によって決定されているというアイディアがある．これは，次のような帰納図式の無限に多くの事例を含んでいる．

(32)　　$\{F(0)\,\&\,(n)[F(n)\to F(n+1)]\} \to (n)[F(n)]$

その他の例では，反事実的含意の意味についての特定の説明によって提供される．すなわち，

(33)　「もし p が真であるとしたら，q は真である」が程度 x で主張可能である iff $\langle p$ が真であり，因果的かつ概念的に非 p とは独立したすべての事実が依然として成立している状況において$\rangle$，x は q が真であるための経験的傾向性であると知られている．

この規則は，その種の条件法に対しても適切なレベルの信頼を特定することで，また実質法では，反事実的依存に実在の他の側面を関係づけるどんな諸原理も含むことなく，ある意味での「もし…であるならば，…である」を特徴づける[16]．

真理述語は最後のカテゴリーに属していると私は提案する．「〜は真である」

---

(16)　反事実的依存に関する説明の詳細は，ホーリッジ（Horwich, 1987）を参照せよ．

の私たちの理解——その意味の知識——は，それを私たちが用いる際の説明上基礎的な規則が，（日本語のいくつかの拡張を含む）日本語の平叙文[17]による次の図式の事例を受け入れる傾向性なのだという事実に存する．

(E) 「命題 p が真であるのは，p であるときそのときに限る」

したがって，通常の日本語の話者にとって，「〜は真である」の私たちの理解は，(a)以下を受け入れる傾向性と，

(MT) 「命題『雪は白い』が真である iff 雪が白い」，「命題『私のお腹が減っている』が真である iff 私のお腹が減っている」，「命題『パリは美しい』が真である iff パリが美しい」，…，

(b)真理述語を含む他の文の受容が(a)の観点から説明されるという事実，に存する．

真理述語の意味を知るとは何であるかのミニマリズムの説明は，何らかの分析も提供せず，真理の帰属する内容を循環しない用語で特定することも可能にしない．これは，正確に言って，ミニマリズムの説明と伝統的なアプローチとを区分するものである．しかしながら，それにもかかわらず，ミニマリズムの説明はすべての関連のある言語的振る舞い——「真」という用語を用いる私たちのすべての仕方——を説明できる限りにおいて，真理述語の理解を構成するものの完全に受容可能な説明である[18]．言い換えれば，問題は，同値図式が真理述語のあるひとの使用を支配しているという仮定において，例えば，なぜそのひとが「オスカーが語ったことは，真である」と「オスカーが語ったこと

---

(17) そのような文はそれらの意味によって同定されるかもしれない．さらに，それら二つのトークンが同じ命題を表現することが要求される．その結果もし意味と命題が真理の観点から定義されるとしたら，悪循環である．しかしながら，問題22と32への私の回答，および追記の3において，私は，意味と命題は真理の概念を前提しない（受容（*acceptance*）も含む）使用という側面から説明されると主張している．

(18) 詳細については，追記の2を参照せよ．ミニマリズムは真理の明示的定義を提供しないので，表面的には真理は「説明不可能な質（inexplicable quality）」であるというムーアの見解に似ている（Moore, 1899）．しかしながら，二つの説明の重要な違いは，ミニマリズムはそれにもかかわらず，同値図式によって真理とそれの把握を構成するものの完全な説明を与えることを目的とするのに対して，ムーアの見解においては，こうした問題を光を当てることは不可能であり，真理は見通せないほど神秘的で居続ける．

は，鰻は美味しい，である」から，「鰻は美味しい」を導く推論を認めるべきなのか，そして一般的に，なぜまさに彼が行った仕方で真理述語を彼が用いるのか，ということを私たちが説明できるかどうかである．これは，真理述語の意味の理論に対する適切な条件である．問題3への回答における例によって判断すると，ミニマリズムの説明はそれを満たすように思われる．

問題8 ミニマリズムの構想は真理自体と関係しているのか，それとも「真」という語と関係しているのか．

両方共に関係している．そして，他の密接に関係している事柄についても同様である．しかしながら，ミニマリズムが扱っている異なる問題を区別することは重要である．特に，私たちは次のことを区別すべきである．

1. 真理述語の機能に関する理論
2. 誰かが「真」という語を理解するとはどういうことかに関する理論
3. 「真」という語の意味に関する理論
4. 真理概念を所有したり把握したりするとはどういうことかに関する理論
5. 真理自体の理論

　ミニマリズムの構想によれば，真理述語の機能は図式的一般化の明示的な定式化を可能にすることである．私たちのこの語の理解は，この機能を果たすためにそれを用いる実践——その基礎的な規則性が同値図式，すなわち「$\langle p \rangle$ が真である iff p」の事例を受け入れる傾向性であるという実践——によって構成される．真理概念（すなわち，「真」という語によって意味されるもの）は，それを理解するひと——すなわち，そのひとの真理述語の使用が同値図式によって支配されているようなひと——によるこの語の使用において表現される信念状態の構成要素である．そして，真理それ自体の理論は——真理についての説明の上で基礎的な事実を特定するのだが——この図式の事例から作られる．したがって，真理のミニマルな理論は真理述語の意味や機能，それを私たちが理解すること，私たちが真理の概念を把握すること，真理自体の特徴の説明に対する基礎を提供する[19]．

問題9　たとえ述語がそうであるように，真理述語も極めて通常とは異なるものだと認めるとしても——たとえ新しい形式の量化を回避する一方で，真理述語の特別な機能が，ある重要なことを語ることを可能にすると認めるとしても——真であることが真正の性質であるということが帰結しないことは確かである．

　これはまったく正しい．真理が性質ではないと主張することは，ミニマリズムの構想の一部ではない．反対に，「〜は真である」は完全に適切な日本語の述語であり，——（「性質」に関する考えについての唯名論的懸念は脇に置いておいて）このことをある種の性質を示す決定的な基準だとみなすかもしれない．しかしながら，ミニマリズムが強調したいのは，真理は複雑あるいは自然的な性質ではなく，他の種類の性質である（ハートリー・フィールド（Field, 1992）は「論理的性質（*logical* property）」という用語を提案している．）．この専門用語の背後にある論点は，述語が私たちの言語において果たす異なる役割に異なる種類の性質が対応する，ということであり，またこうした差異が理解されないとしたら，他の種類［の役割］との関連においてのみ適切に生じる種類の性質に関して，疑問の声を上げたくなるだろう，ということである．この現象のよく知られた例は「存在する」という述語から生じる．別のもっと問題含みなケースは，規範的性質かつ記述的性質の合成である．ミニマリズムによれば，同じような理由で，真であることをターコイズであることや木であること，錫から作られていることのような性質と一致させるよう意識すべきである．そうでなければ私たちは，その構成的構造やその因果的振る舞い，その典型的な現れ——私が「複雑な」あるいは「自然的な」性質と呼んでいるものに特有の特徴を探し求めることになるだろう．こうした期待が否応なくくじかれたとき，私たちは困惑し，真理の本性は非常に不明瞭——おそらく理解不能でさえあるとする結論に傾くだろう．

　私が示したように，ある哲学者は，どんな述語も指示をせず，性質も存在しないと考えている．もちろん，そのような唯名論的な観点からは，「真理が性質であるかどうか」という特定の問いは挙がらない——少なくとも，それらの語の上では．しかしながら，基底にある問題は，それでも，真理述語の適用は

---

(19)　この問題に対する答えの詳細については，追記の5を参照せよ．

それが適用される命題についての言明を生み出すのかどうかという形式にある．真理述語の適用が，現在の見解をあるデフレ主義のよりラディカルな形式——それによれば，次の式

(34)　X は真である

のように考えることは文法的な思い違いであるのが，そのような形式から区別するというテーゼは，命題 X についての任意の命題を述べる．例えば，フレーゲ（Frege Frege, 1891, 1918）やラムゼイ（Ramsey, 1927），エイヤー（Ayer, 1935, 1936）によって提案されたのは，次の形式

(35)　p
(36)　p は真である

は，何であれ「p」の代わりになる英語の平叙文と同じものを生み出す，ということである．これは「真理の余剰説（redundancey theory of truth）」としてしばしば言及されるものであり，この説は明らかに，真理述語と確定した命題の構成要素——こうした命題の一部ではあるが，その他の命題の一部ではない構成要素，とを結びつける本書で提案された見解と対立する．同様に，現在の観点から，ストローソン（Strawson, 1950）やエイヤー（Ayer, 1963）に由来する，真理述語はそれが適用される物事についての記述や言明を為すために用いられるわけではなく，極めて異なる発話行為，すなわち承認や同意，譲歩などを果たすために用いられる，という考えを否定する．

「余剰・遂行発話」という考えが抱える問題は，真理の特徴や機能についての明白な事実と調和し得ないということである．この考えは，次のようなケースのみ取り扱う．

(37)　〈雪は白い〉は真である

この場合，真理述語は明示的に述べられた命題へと付け加えられている．そして，見た目のもっともらしさをもって，文全体が次の構成要素と同じ意味を持つと主張する．

(38)　雪は白い

しかしながら，真理のそのような使用は，大した価値を持たない．すなわち，

私たちはそれなしで簡単に済ますことができるからである．そして，例えば次の例のような，真正に有用な帰属を振り返ったとき，

(39) オスカーの主張は真である

この理論は，その意味について語るべきことをまったく持たない．論理形式がそう見えていること，すなわち

(40) X は F である

とはおそらく違うということを除いて．結果として，余剰説は (39) と

(41) オスカーが語ったこと＝命題「雪は白い」

から

(37) 命題「雪は白い」は真である

したがって，

(38) 雪は白い

を導く推論をまったく説明することができないのである．——これは正確に言って，私たちの真理概念の有用性が依存しているある種の推論である[20]．したがって，余剰・遂行発話理論は拒否されるべきである．きっと，私たちは真理述語を伴ったすべての種類の発話行為（同意や譲歩）を行う．しかしながら，

---

[20] 余剰説への同様の反論はタルスキ（Tarski, 1943/4），トムソン（Thomson, 1948），コーエン（Cohen, 1950），ジフ（Ziff, 1962），エゾルスキ（Ezorsky, 1963）によって提出された．余剰説論者達は，次のような代入量化の観点から「X が真である」を
　　(SB)　$|\exists p| (X = \langle p \rangle \ \& \ \langle p \rangle$ は真である$)$
として分析し，それからこれを
　　(ST)　$|\exists p| (X = \langle p \rangle \ \& \ p)$
と同義とみなすことで，上の推論を説明しようと試みる．しかしながら，この戦略ははっきりと，ある余剰理論的直観によって動機づけられるけれども，この戦略は根本的に，ある確定した内容と真理述語を結びつける際に当の理論から出発している．私たちは，「X が真である」は X については何も語っていないとする余剰説と，X については何か語っているが，代入量化の観点から分析されるべき何かを語っている諸理論とを区別すべきである．後者の理論は，問題6への回答で見たように，それ自体の困難に直面する．

ウォーノックが観察したように（Warnock, 1964），言明を為すことによって(その代わりではなく)——つまりその性質すなわち真理を当の命題に帰属させることによって——私たちは発話行為を行うのだと語ることが最良である．ちょうど次のような主張

(42) あなたの論文は素晴らしい

が正確な情報を伝えること以上の効果を発揮するよう意図するのと同様に，

(39) オスカーの主張は真である

を言う際に，オスカーの主張についての言明を為しているにもかかわらず，ある隠された目的を念頭に置いているかもしれない．すなわち，それにある性質を帰属させるかもしれない．

問題10　もし同値図式が無差別に信頼されるとしても，悪名高い「嘘つき」のパラドクスは生じるだろう．

いかにもその通りである．そして，この理由により，同値図式の許容可能な事例は，逆説的な結果を回避するためにある仕方で制限される必要があると，結論せねばならない．これを見るためには，「#」を「傍点付きの命題は真ではない」の省略としよう．そのとき，議論の目的のため，以下を想定しよう．

(43) 〈#〉は真である

そして，同値図式の適切な事例すなわち，

(44) 〈#〉は真であるのは，#であるときそのときに限る

が与えられたら，私たちは

(45) #．

を推論することができる．真ではないと言われているこの主語は，命題〈#〉であると分かる．それゆえ，私たちは最初の前提と矛盾する次を得る．

(46) 〈#〉は真ではない

しかしながら，代案も良くはない．というのも，［(43)の］代わりにもし私たちが

(47) 〈#〉は真ではない

を想定するならば，同値図式に適用されたモードゥス・ポネンスが与えられた場合，

(48) ‐#

が帰結するからである．これは，〈#〉について，それが真ではないことはないと述べている．それゆえ，

(49) 〈#〉は真である．

したがって，私たちは以下を演繹した．

(50) 〈#〉が真である iff 〈#〉が真ではない

　この矛盾の導出を防ぐための私たちの選択肢は，(1) 古典論理——特に，モードゥス・ポネンスやモードゥス・トレンス，二重否定除去，ライプニッツの法則（同一者不可識別の原理（indiscernibility of identicals））のいずれかを否定すること，(2)（タルスキ流に）真理概念が整合的に，〈#〉のような，それ自体が真理概念と関わっている命題に適用され得ることを否定すること，(3) 傍点付きの文が一つの命題を定式化することに成功していることを否定すること，(4) 同値図式のある事例——「#」をそれと置換することで得られるものを含む事例——を否定すること，である．

　しかしながら，(1)はあまりに深く切り込みすぎる．(2)はやりすぎのきらいがある．(3)は，どんな条件 C に対しても，この条件を満たす命題が真ではないとたまたま信じるかもしれないという事実に反する．——これは，（信念のどんな対象も命題であるので）「条件 C を満たす命題が真ではない」がある命題を表現するということを含意している．このことは，これが表現する命題が C を満たす，それゆえ，「#」がある命題を表現すると偶然分かったときでさえそうであろう．したがって，唯一の受容可能な解決は(4)である．すなわち，同値図式のある事例のみが正しいのである．

　この制限が厳しさを必要とするわけではない，と私たちは知っている．この

制限は，科学に関する諸命題にどんな影響も与えない——そのような命題の多くは，それ自体真理概念と関係していない．正確に言って，パラドクスを生み出すことなくどれだけ同値原理を推し進めることができるかに関する構成的説明は，現在の多くの研究の主題であるが（例えば，タルスキ（Tarski, 1958）やクリプキ（Kripke, 1975），グプタ（Gupta, 1982），マクギー（McGee, 1991），グプタとベルナップ（Gupta and Belnap, 1993）），この本では取り扱われないだろう．私たちの目的には，同値図式のある諸事例は，ミニマルな理論の公理には含まれ得ないことを認め，次のことに言及することで十分である．すなわち，排除された諸事例の選択を支配する原理は，優先度順に，(a) ミニマルな理論は「嘘つきタイプ」の矛盾を生み出さない，(b) 排除された諸事例の集合は可能な限り小さくする，——おそらく(b)と同様に重要であるが——(c) 可能な限り単純な排除された諸事例の構成的特定が存在する，である[21]．

　こうした見解において，私はパラドクスを取り扱う構成的な試みを軽んじる意図はないし，真理についての私たちの知識は，そのような説明がないという点で不十分であると言うつもりもない．私の主張は，単に，パラドクスに対する構成的な解決策を見つけ出すことから独立した，真理についての扱いやすく，哲学的に有意義な問題が存在するということである．すなわち，第一に真理の理論の概要を述べ，第二に真理述語によって意味されるものを特定し，第三に私たちの概念図式におけるその役割を説明し，第四に真理の基底的本性に関する理論が存在するかどうかについて語る，などがそうである．本書で取り扱われたミニマリズムの答えは，パラドクスに対するどんな特定の構成的な解決策によっても損なわれ得る，と考えるべき理由は存在しない．それゆえ，私たち

---

(21)　アニル・グプタは私に次のことを指摘した．すなわち，同値図式の事例を制限する必要性は，真理概念の機能についてのミニマリズムのテーゼ——すなわち，図式的一般化を捉えることを可能にするテーゼ——といくぶんか緊張関係にある．というのも，p が「$\langle p \rangle$ は真である」と常に同値である限り，「図式 S のすべての事例は真である」という形式の一般化は，常にすべての S の事例を含むわけではないし，そうした一般化は常にこうした諸事例に基いて正当化ないし説明されるわけではないからである．例えば，「彼が言うことはすべて真である」（すなわち，『「もし彼が p と言うならば，p である』のすべての事例が真である』）は，「もし彼が # と言うならば，# である」を含まないし，その条件法に基づいて部分的にすら正当化されたり，説明されたりしない．しかしながら，このような問題のあるケースは極めて稀である．したがって，一般化の装置としての真理の有用性は本質的にこれらの存在によっては損なわれない．

は，当面の間はこの問題を脇に置くことができる．

　本章の目的は，真理の完全な説明に対する十分な条件を特定し，必要なものは「ミニマリズム」と呼ばれる真理のデフレ的構想によって充足されるのだと提案し，この提案はタルスキや余剰・遂行発話による説明のような様々な表面的に類似した見解とは混同されないことをはっきりさせることである．ミニマルな理論の公理は，〈$\langle p \rangle$ が真であるのは，p であるときそのときに限る〉という形式のすべての命題——少なくとも，「嘘つきの」パラドクスには抵触しない命題——である．そして，（アニル・グプタが指摘したように）命題が真理の唯一の担い手であるという旨の一つの更なる公理が存在する．そのような理論は——それ自体では弱いが——それにもかかわらず，真理の概念的有用性を説明し，真理が一つの構成要素であるところの諸事実を説明できるほど強力である．さらに，この理論の魅力的ではない一つの特徴——その無限のリストのような特徴——は，指示や代入量化の観点から真理を説明することでは緩和されないということを私たちは見てきた．したがって，次の見解はミニマリズムの構想を正当化するいくらかの助けになった．すなわち，ミニマルな理論は真理のまさに理論であり，それに対してそれ以上加えるべきものは存在しないという見解である．

　しかし多くの問題が残っている．例えば，私たちの全体の議論で，真理が命題の性質であることを当然のこととしてきた．命題に関して懐疑的である哲学者には，この見解のこの側面を飲み込むことは困難であろう．この問題には第6章で焦点が当てられる．私が最後にこの論点を取り扱うのは，この問題がやや主題からずれているからであり，また，命題で既に満足しているひとにとっては，この議論なしでも完全に済ますことができるからである．

　真理のデフレ的見解に対するその他の広く理解されている反論は，この見解が真理の概念の説明的役割と調和できない，ということである．私は次の章において，この議論のどこで誤った方向に進むのかを示すことで，ミニマリズムに対する更なる支援を提供するつもりである．この反論の基礎は，様々な性質と関係しているどんな自然法則も，関係のある性質の基底的特徴を特定する理論に対する指示によってのみ説明され得る，という考えである．例えば，すべてのエメラルドが緑である理由を語るためには，エメラルドであるとはどういうことかや，緑であるとはいかなることかを知る必要がある．同様に，真理の

第2章　適切な定式化　　47

概念が一般法則の定式化に用いられる限り，こうした法則を説明するために真理とは何であるかに関する実質的な理論を必要とする，と論じられる．これとは反対に，真理が説明的一般化において，すなわち，ミニマリズムの構想によって正確に同定された役割において真理は登場し，同値の諸公理はそれらを説明するために完全に十分である，と私は提案したい．

第3章　真理概念の説明的役割

問題11　真理はある特徴的な結果と原因を持つ．例えば，真なる信念は実践的目的を達成することを容易にする傾向がある．このような一般法則は，真理の本性の観点からの説明を要求する．それゆえ，ミニマリズムの語りを越える，この性質の概念的あるいは経験的還元を提供するような，真理とは何であるかについての何らかの説明が存在しなければならない．（Putnam, 1978；Field, 1972, 1986；Davitt & Sterelny, 1989）

私たちが見てきたように，真理は実際には説明的諸原理の中へと入っては来るが，それらの妥当性はミニマルな理論内部から理解されるだろう．

　まず，次のような形式のあるひとの信念を考えてみよ．

　(1)　〈もし私が行動 A を行ったならば，事態 S が実現されるだろう〉．

このような信念の心理学的役割は，S が欲求されているとき，A という行動を動機づけることである．このプロセスが生じ，もし関連した信念が真であるとき，その欲求された結果は実際に達成されるだろう．言い換えれば，もし私が信念(1)と欲求 S を持つならば，私は A をするだろう．しかしながら，もし私の信念が真であるならば，単に同値の公理が与えられとき，私が A をするならば，S が実現される，が帰結する．したがって，モードゥス・ポネンスによって，S が実現されるだろう．すなわち，私は望んでいたものを得るだろう．それゆえ，当該の種類の信念の真理が，どのようにして目的の達成に貢献するかを理解することは容易である．（この説明のより正式なヴァージョンは，問題3への回答で与えられている．）さらに，そのような信念は，もしそれらが真なる前提から推論されたとしたら，真である可能性が高い．そして，私たちが信じていることのごく少数だけが，最終的に，前提としてそのような推論へと入り込むこと可能から排除され得る．したがって，一般的に，真なる信念が実践的な成功に貢献する仕方は明確である．この現象を説明するために，ミニマル

な理論を越えたものは要求されない.

　私たちの議論の三つの特徴に言及することは価値がある．第一に，私たちの議論は真なる信念が常に有益であることを含意しない．これが誤りであるのは，偽の信念がたまたま最良の結果を生み出したり，真理があまりに犠牲が大きくて見つけ出すのに値しなかったりするような状況が明らかに存在するからである．この議論は，単に，それによって真なる信念が有益な結果を生み出すようなあるメカニズムを説明することを目的としており，同時に作用するかもしれないが，それによって真なる信念が悪い結果を引き起こすようなその他のメカニズムの存在を否定することを目的としているわけではない．第二に，真なる信念の有益な結果に関する説明的証明は，容易にかつ広く認識されている事実に基づいている．それゆえ，これはなぜ自身の信念が真であることを望むのか——私たちはなぜ真理を目指すのか——という説明へと変形されるだろう．そして第三に，この本質的な一連の説明は，私たちが想定してきた熟慮以上に複雑で現実的な様式の熟慮を認めることの影響を受けないということに留意すべきである．例えば，有用性の原理に従って，実際に行動すると仮定せよ．言い換えれば，(S_1, S_2…が相互排他的な可能な結果の網羅的集合である場合，すなわち，$V(S_1)$, $V(S_2)$…が，行為者が結果に対して置く値であり，$B(S_1/x)$, $B(S_2/x)$…が，行為xが果たされたとしたら，各結果が獲得する行為者の信念の程度である場合）行為Aと行為Bの間の選択が与えられたとしたら，私たちは次の公式

(2) 　$V(x) = [V(S_1).B(S_1/x)] + [V(S_2).B(S_2/x)] + \cdots$

を用いて計算された，期待のできる値が最大の行為を行う．信念の程度が真理に近い限りでは（すなわち，xがSjを実際にもたらすとしたら，$B(S_j/x)$は高く，そうでないとしたら低い），各行為の期待された値は実際の値（すなわち，行為が行われたとしたら，実際に現れる値）に近づく．それゆえ，決定は客観的に正しい可能性が高い[1]．さらに，より単純なモデルで見たように，こうした

---

[1] これを見るために，行為xの実際の結果がx_1であると仮定し，Bよりも真理に近い信念B^*の程度を持つ可能性を考えてみよ．これが意味するのは，$B^*(S_1/x)$が$B(S_1/x)$よりも1に近く，すべての$n \neq 1$に関して，$B^*(S_n/x)$が$B(S_n/x)$よりも0に近いということである．したがって，xの期待値は次である．

$V^*(x) = V(S_1)(B(S_1/x) + e_2 + e_3 + e_4 + \cdots) + V(S_2/x)(B(S_2/x) - e_2) + V(S_3/x)$

真理の有益な結果（熟慮と関係している特定の種類の信念の場合）は，そこからこうした信念が推論されるところのどんな前提の真理においても値が存在することを示している．一般的な原理，すなわち，「真なる信念は成功する振る舞いを容易にする」という原理において真理概念が果たす説明的役割は，ミニマルな理論によって完全に理解される，と私たちは結論する．この事実は，様々な反－ミニマリズムの立場に背く傾向にある．第一に，この事実は（ダメット（Dummett, 1959）やライト（Wright, 1988, 1992）のような）どんなデフレ的真理概念も，真理を目指すという事実を正当化することができないと考える哲学者の懸念を緩和する．第二に，そのような一般的原理において真理が現前することは，（パットナム（Putnam, 1978）が提案したように）真理の性質は何らかの種類の基底的構造も持つ，と考えるどんな理由も与えないことを示す．第三に，この事実は成功した行為における真理の役割を定義によって保証するプラグマティストの衝動を損なわせる．

問題12 その他の法則のような一般化は，ある方法での探求の結果として得られる信念は真である傾向があるというものである．このこともまた，ミニマリズムの構想が真理の因果的・説明的本性を見過ごしていることを示している．

私たちは今，真理の結果から原因へと向きを変えている．信念はときに，それらの真理への特定の信用を引き起こすような仕方で到達される．そのような場合，私たちの信用は通常正当化される．例えば，明るくよく見えるところで，通常の対象の色を観察することを考えてみよ．そのような観察の報告は，一般的に正しい．そして観察的前提に基づいた演繹的かつ機能的推論によって到達される信念はたいてい正しい．問題は，なぜそうなのか，である．ある領域に関する信念は，探求のある方法から帰結するとき，なぜそれほど際立って信頼できるのか．そして，これに対する答えは，真理の本性についての重要な何かを明らかにしないのか．

$$(B(S_3/x) - e_3) + \cdots$$
$$= V(S_1)B(S_1/x) + (e_1 + e_2 + e_3 + \cdots)V(S_1) + V(S_2)B(S_2/x) - e_2V(S_2) + V(S_3)B(S_3/x) - e_3V(S_3) + \cdots$$

これは，$V(S_1)$（xの客観的値）と$V(x)$（信念Bの程度に相対的な期待値）の間である．それゆえ，真理に近い信念の程度は客観的値に近い期待値を含意する．

「これは赤い」や「その針は『3』と記された点と一致する」などのどんな観察文「O」に関しても，一方で，私たちがその真理値の正確な決定に対してかなりの程度貢献するとみなす状況 $C(\ulcorner O\urcorner)$ が存在し，他方で，その文が主張されたり，否定されたりするにもかかわらず，誤謬の可能性がより高いと考えられる状況が存在する．私たちが説明しようとしている事柄の一つは，(「p iff% q」が「p が与えられたときの q の可能性と，p が与えられたときの q の可能性はともに高い」を意味し，「「O*」は「O によって表現された命題を定式化する私たちの方法である場合）次のようなすべての事例が真である理由である．

(3) 「O」は $C(\ulcorner O\urcorner)$ において確証されるだろう iff% O*

最も表面的なレベルでは，この説明は極めて単純である．明かりが良好であり，目が開いているといったことが与えられ，赤い何かが目の前にあるとき，そしてそのときに限り，「それは赤い」と言うように人間が教育され得るということは，生物学的な事実であり，そのように人間の一部が教育されているということは，社会的な事実である．すなわち，

(4) 「それは赤い」が $C(\ulcorner それは赤い\urcorner)$ において肯定されるだろう iff% ある赤いものがある．

確実に同じ理由ではないけれども，類似した理由から，

(5) 「それは緑である」が $C(\ulcorner それは緑である\urcorner)$ において肯定されるだろう iff% ある緑のものがある．

そして，このことは

(3) 「O」は $C(\ulcorner O\urcorner)$ において肯定されるだろう iff% O*

のような事例それぞれにも及ぶだろう．それぞれの事例の内のいくつかはある説明的前件を共有しているけれども，それらはそれ自体の説明を持っている．総合すると，こうした説明が (3) のすべての事例が真である理由，言い換えれば，良い条件で為された観察報告が真であることが多い理由を示している．真理のミニマルな理論は完全に適切である．

ある状況において観察に基づく信念が真である理由が一度説明されると，推論された信念もまた信頼できる理由を理解することは困難ではない．観察に基

づく言明からなる真理関数（例えば，「それは赤い，あるいは緑である」）が真であることが多いのは，真であることが多い観察に基づく信念からの演繹によってそれらに辿り着くからである．

（A と B が観察に基づく名辞である場合）次の

(6) すべての A は B である

という形式の一般化において信念が信頼できるのは，B である多くの多様な A と，B ではない非 A の観察に基づいて，それらに辿り着くからである．そして世界がこの点において統一されているということが生じる．最後に，ある科学的な道具の信頼性をどのように説明するのかを考えてみよう．ある装置 I は，ある領域 S における事態が S_1 ないし S_2，…S_k，…あるいは Sn であるかどうかを発見するために設計されているとしよう．そしてこのことは，この装置の観察に基づく出力が O_1 あるいは O_2，…O_k，…あるいは On であるかどうかを配慮し，対応する状況の現前を推論することによって，すなわち，S_k から O_k を推論することによって，為されるとしよう．I の信頼性の説明は次の前提から始まる．すなわち，

(7a) 道具 I の使用は，ある k に対して，O_k が成立しているという信念を生じさせる．

(7b) もし私たちが O_k が成立していると信じるならば，O_k はおそらく成立している．

(7c) O_k と S_k の間には高い法則的相互関係が存在する．

(7d) もし私たちが O_k が成立していると信じるならば，S_k が成立している．

このことから，道具 I はおそらく領域 S に関する真なる信念を生じさせる，と推論することができる．この場合も先と同様に，真理のミニマルな説明を越え出るものは何も必要としない．

問題13　更なる真理の説明的役割は，科学理論の真理がそれらの経験的成功を説明するという事実に存している．（Putnam, 1978）

確かに，私たちはしばしばある理論の成功を，その真理や近似的真理に言及することで説明する．私たちは次のようなことを言う．

(8) 特殊な理論が正確な予測を可能にするのは，それが真だからである．

そして，

(9) 電子顕微鏡がうまく機能するのは，電子顕微鏡が基づいている理論が真だからである．

しかしながら，そのような説明的言明が，真理が隠された自然的構造を持つと考える理由を提供するかどうか，あるいはその説明的言明が同値公理と完全に調和しうるかどうかは，現時点では分からない．

　もちろん，私は後者の立場を主張する．どの理論について語っているのかを私たちが明確に知っている場合を考えてみよ．そして，その定式化はそれほど長くも複雑でもないとしよう．例えば，その理論は単純に次であるとしよう．

(10) 光よりも早いものは存在しない

この場合，

(11) 光よりも早いものは存在しないという理論がうまく機能するのは，それが真だからである

と言うのと同等に，私たちは次のように

(12) 光よりも早いものは存在しないという理論がうまく機能するのは，光よりも早いものが存在しないからである

と言うことができる．真理の観点から問題を評価することでは，それ以上の説明的奥深さは得られない．それにもかかわらず，この種の文脈における真理述語の使用は多くの場合意味がある．真理述語が与えてくれるのは，表現の若干の節約と，その理論が何であるかを明確に知らないとき，あるいは次のように一般化したいときでさえも説明的主張をするための能力である．

(13) 真なる理論が正確な予測を生み出す

しかしながら，これらはまさに，ミニマリズムの構想にとって中心的である真理の特徴である．明らかに，これらはミニマリズムの構想を超過する理由を提供し得ない．

問題14　たとえ真理についての私たちの一般的信念のすべてが（適切に補強された）ミニマルな理論から導出されるとしても，このことは真理のより深い分析を望めないということを含意しない．というのも，同値図式が・な・ぜ成立するのかを示す何かを発見することを望むことは理解できるからである．(Papineau, 1991)

確かに，ミニマルな理論は真理のより深い説明を用いた解釈の影響を受けやすいという可能性を検討することができる．しかしながら，・実・際・の・と・こ・ろより深い理論は存在しないと考える優れた理由が存在する．

　第一に，そのような理論を展開する最初の魅力的な戦略はうまくいかない．問題6への回答において，私たちは真理を非標準の（文の）量化や（タルスキ流の）指示や充足，性質例化，「現実性」の観点から分析することを試みた．しかしながら，ミニマルな理論を説明したり改善したりすることができるどんな説明にも到達することはできないと分かった．

　第二に，同値図式はアプリオリで概念的に基礎的である．この点で同値図式は，どんな還元的分析や他のどんな種類のより深い説明も期待できない場合，論理学や算術の根本法則と類比的である．

　第三に，アポステリオリな事実の領域において，還元的説明を期待することはもっともである．なぜならば，物理的システムの振る舞いは部分の諸性質の因果的結果だからである．しかしながら，そのような考慮はアプリオリな領域には適用されない．したがって，真理のミニマルな理論は，アポステリオリな理論が求めるような仕方での説明を求めていない[2]．例えば，（フィールド (Field, 1972) によって議論された）次のような各元素の原子価を単純に一覧にすることで成立する原子価の説明を考えてみよ．

(14)　$(x)(y)(x$ が y の原子価であるのは，$x = +1$ かつ $y =$ カリウム，ないし $x = -2$ かつ $y =$ 硫黄，あるいは…$)$．

この場合，更なる還元を期待する理由が・存・在・す・る．なぜならば，原子価についての自然法則——元素の原子価とそれらが結びつく割合の関係についての法則——が存在し，そのことは (14) によっては説明されていないからである．ど

---

[2] この点に議論に関しては，リーズ (Leeds, 1998) を参照せよ．

んなアポステリオリな法則的一般化も，完全な一致に見える説明の労力を要求する．しかしながら，ミニマルな理論自体はそのような法則を含んでいない．この理論は，真理に関する*すべて*の一般的事実がミニマルな理論によって説明されることを認める．したがって，私たちにより深い説明を期待したり欲っしたりするように仕向けるものは，何もない．

　第四に，同値公理は実際よりも単純かつ統一されているような諸原理——真理が命題的要素やその条件を結合させることから生じるところの諸原理——によってのみ説明され得る．しかしながら，ミニマルな公理の多くが完全に単純であるわけではないことにおける唯一の注意点は，多くの――無限に多くの――公理が存在する点である．提案されたどの説明もこの特徴を改善することはできない．というのも，説明されるべき無限に多くの基礎的な命題構成要素が存在するからである．したがって，これらのどんな特徴づけも無限に多くの公理を必要とする．もしかしたら，そのような理論はそれにもかかわらず，同値公理だけでなく非－真理－理論の領域における現象もまた説明することで，統一的な（したがって説明的な）資格も入手するかもしれない．しかしながら，こうした見込みは単なる空想である．私たちは，どんな領域の事実がそのような仕方で真理と関係し得るのかをまったく知らない(3)．

　本章では，真理の観点から表現された，様々な科学的，説明的一般化の存在は，真理の*分析*——その基底的構造に関する理論を要求しない．そのような法則は，単に同値図式に基づいて完全に理解される上，*これら*の命題のどんな説明も極めてありそうにないからである．次章では，真理という観念の科学的使用から哲学的使用へと向きを変え，同じように，真理の哲学的使用の範囲と価値はミニマリズムの構想によって捉えられると主張する．

---

(3) こうした考慮は真理と関係しているだけでなく，指示や充足とも関係していることに注意せよ．私たちは，（問題 39 への回答において描写されたように）ミニマルな理論によって提示された以上の，どんな意味論的現象のより深い分析も期待すべきではない．

第4章　方法論と科学的実在論

　真理に対するデフレ的態度は，真理を哲学的理論の深い重要な要素とみなす普通の見方とは相反する．多くの哲学者は，形而上学的，認識論的および意味論的諸問題を考察する際に，真理の観念に中心的な役割を与えがちである．したがって，彼らは，真理の機能についてのミニマルな説明を拒否するに違いない．逆に，真理に関するデフレ的なアイデアに同調する哲学者たちは，真理に理論的な重みを置こうとはしないだろう．彼らが主張するのは，哲学は，そのミニマリズムが許容する範囲でのみ——つまり一定の一般化の定式化を可能にするものとしてのみ——真理観念を採用すること，また理論的諸問題はその［真理の］観念なしに解決されるに違いないということである．後半の見解は，私がこの章と次の章で支持しようとするものである．この章では，実在論／反実在論の問題が（科学哲学における関連する様々な問題と同様に）真理とはまったく関係しないこと，そしてこの事実を認め損なうことが，それらの事柄を明確に考えるのを妨げていることを示すべく努めよう．次の章では意味論と論理学の哲学におけるある範囲の諸問題に関して，多かれ少なかれ同じ論点を議論するだろう．

問題15　デフレ的な視点——つまり真理に関する実質的な観念の放棄——は，不可避的に相対主義に到る，つまり客観的な正確さのようなものは存在しないというアイデアに到るのではないか．

　真理は複雑なあるいは自然主義的な性質ではない——真理は，ミニマリズムによって提案されている意味で「非実在的」あるいは「非実質的」である——という主張は，真理が非実在的であるというアイデア，他の言葉で言えば，文も言明も信念も真ではないというアイデアと混同されてはならない．後者の見解は，真理が「根源的に視点依存的」，「文脈的」あるいは，その種のものであると想定する相対主義の極端な形から生まれるのかもしれない．しかし，この

種の理論は真理のミニマリズムの構想とはまったく調和しない．逆に，二つの哲学的立場［真理のミニマリズムと真理の相対主義］は，互いに対立しがちである．何ものも絶対的な真理には到達できないという［相対主義の］結論に導くものは，真理述語を，強化され高く評価される形而上学的ないし認識論的性質——つまり真理の実質性（substantiality）——と結び付けることである．逆にミニマリズムの立場は，すべての命題ないしその否定が真であると想定することを容易にし，その限りで，相対主義が（少なくとも，よくある定式の下では）支持できないことを含意している．こうして［ミニマリズムが主張する］真理の「非実質性」は，決して真理の非存在と等しくはない[1]．

問題 16　それにもかかわらず，ミニマリズムの視点は，ある意味で反実在論的ではないのか．それは，科学理論が心から独立した世界への対応を意図していることを否定しないのだろうか．

「実在論とは何か」という問題に関する論争は，空虚で要点を欠いた言葉の上での論争という面を帯びがちである．ある哲学者は例えば，還元主義を嫌う立場と実在論を同一視しようとし，他の哲学者は，還元主義に近い立場（例えば，心は脳に過ぎないという立場（唯物論）や，数学的事実は論理的事実に過ぎないという立場（論理主義）が，直観的にみて反実在論的でないことや，反実在論的なある立場（例えば，数は人間の発明であるという立場（数学的直観主義））が，非還元主義的であることに不満を述べる．［実在論への］批判者は「反実在論」のもう一つの定義——すべての命題が真か偽かのどちらかであるという原理の拒否——を提案するかもしれない．しかしこの提案は，このラベルをいつ適用するかについて，すべてのひとの直観を満足させることに失敗するだろう．こうしてこのプロセスは果てしなく続き，その結果，ここに何か本当の問題があるのかどうか解らないまま取り残されることになる．というのも，「実在論」と「反実在論」という語は，結局は専門用語だからである．それぞれの案に対応させて「実在論」の様々な意味を明確に区別することが最上のやり方

---

(1)　真理についてのミニマリズムの構想が相対主義に到るという議論は，パットナム（Putnam, 1981）によって与えられている．しかし，私が決定的であると考える反論は，マイケル・ウィリアムズ（Williams, 1986）によって，それ［ミニマリズム］に対して突きつけられてきた．

なのではないと考えるとき，私たちはやっと本当の問題に注意を集中し始めることができる．つまり，いわゆる「実在論的」立場の中で，どれが正しくどれが正しくないのか，という問題である．

　私は，この魅力的な観点［どの実在論的立場が正しいのかという観点］も，実際間違いであると思う．実在論と反実在論は，明確な興味深い哲学的立場である，そして厳密に言ってそれらが何であるかという問題は，重要である．それとは反対に，私たちの印象は，部分的には，通常示唆されている答えが，他の答えとほとんど似ていないという事実から生じる．また部分的には，個々の哲学的立場（例えば，行動主義と直観主義）に関してでさえ，それらが実在論とみなされるべきかどうかについて，なんの合意もないという事実から生じる．しかし，意見のこの分岐をすべて説明するのは，見出すべき実在論の正しい定義が存在しないということではなく，むしろ通常提案されている定義が完全に間違った種類のものであるということである．

　私が考えていることは，自然種——例えば病気——が，どのようにして適切に定義されるかについてのよく知られた事実を振り返ることによって明らかにできる．観察可能な徴候によって病気を特徴付けようとするなら，悪評高い困難が生じる．というのは，［そのような徴候の中には］つねに，その病をもつ小数のひとにおいては明白でない徴候がいくつかあり，逆にその病気でないときにもしばしば生じる特徴的な条件もあるからである．周知の教訓は，病気に罹っている基準を特定する正しい方法は，徴候そのものよりも，徴候の基底にある原因を特定することである，というものである．この教訓は，実在論／反実在論という事柄の本性に関する問いにかなりうまく応用できるようにみえる．それについての終わりのない小競り合いを説明するのは，私たちが実在論と反実在論の徴候に注意を集中していたということである．驚くことでは無いが，徴候についてのいかなる定義も無い．私たちがその代わりにすべきことは，実在論的あるいは反実在論的とみなされがちである立場を人々に受容させるものについて考えることである．そうすることによって，実在論と反実在論の間の基本的な衝突が実際にはどのようなものであるかわかるだろう．直観的に実在論的あるいは反実在論的として分類される立場——例えば，物理的な対象が経験からの構成物であること（現象主義），あるいは電子が虚構の存在物であること（道具主義）など——が，基本的な争点に関して一方ないし他方［実在論ないし反実在論］を採用する帰結として受容されることによって，そのような

もの［それらの徴候］として資格付けられる．状況のこのような分析が，行動主義や直観主義のような特定の特殊な理論が反実在論であるのか，そうでないのかについての意見の分岐を直ちに説明することに注意してほしい．病気の場合のように，ある与えられた条件が，ある場合には徴候であり，他の場合には徴候ではないかもしれない．ある与えられた哲学的主張は，特定の理由でそれを受け入れる哲学者たちの場合には，反実在論の振る舞いになるだろう．しかし，動機がまったく異なる哲学者にとっては，そうではないだろう．そのようにして私たちは，たとえば，「実在論的行動主義」と「反実在論的行動主義」を区別するかもしれない．両者は，心的事実の行動への還元可能性については正確に同じ見解をもつ，しかしそれを支持する理由においては異なっている．

　その場合，何が実在論の本質なのだろうか．答えは大変簡単である．特定の事実の本性について通常の理解が与えられているとき，私たちがその事実の存在を知ることはどのようにして可能であるのかという問いがある．このように問うのは，通常の思考では，世界の形而上学的な自律性（autonomy）（それの私たちからの独立）とその認識論的接近可能性（それを見つける私たちの能力）の間に緊張があると見なしうるからである．実在論と反実在論の間の差異は，要するに，実在論者は熟考した上で，ここには現実にいかなる困難もなく，私たちが知っているものについて通常の観念が成り立ちうると確信する．他方で逆に反実在論者は，［世界の自律性と認識論的接近可能性の］問われている対立が本物であり，それが，私たちが知ることができることについての特定の分岐をもたらすと確信する．反実在論の徴候についての別の見方は，これらの分岐がどのようなものであるかについての別の見解——世界とそれを理解する私たちの能力に関する素朴な見解のもう一つ別の見解——である．したがって，ある領域に関して，反実在論者が次の戦略の中の一つを受け入れることは，珍しいことではない．

(1)　問題の種類の何らかの事実があることを否定すること（例えば，形式主義，道具主義，情緒主義，相対主義，非事実主義（nonfactualism））〔訳注1〕

〔訳注1〕非事実主義とは，ある領域についての，反実在論ないし消去主義の一種であり，その領域についての文が主張や言明でなく，記述的でなく，真理条件的でなく，事実に対応しない，と考える見解である．これは，非認知主義，情緒主義，投影主義，ブラックバーンの準実在論を含む．

(2) 私たちがそのような事実を知る能力をもつことを否定すること（たとえば，懐疑主義，構成的経験主義（constructive empiricism），錯誤理論（error theory））
(3) 問題の事実を，認識論的状況に問題がないように見える他の事実へ還元すること（例えば，現象主義，行動主義，論理主義）

　もう一度述べると，中心点は，これらの戦略のどれも，それらのどの組み合わせも，反実在論にとって必要でも十分でもないということである．むしろ，反実在論は，私たちが何を知っているかについての常識的な概念が整合的でないという見解である：つまり，特定のタイプの事実について想定される特徴が，それを発見する私たちの能力と一致しえないという見解である．この見解に対する反応として，上記の戦略の中のどれかが採用されることがあるかもしれない．その場合には，その見解の受容が，反実在論の一つの態度として認められることになる．
　この考え方によれば，ある哲学者が反実在論の態度とみなすかもしれないどのような立場についても，その哲学者はそれを反実在論のディレンマの本来の解決と見なしているのである．したがって，「可能な反実在論的立場」の集合は，（「糖尿病の可能な徴候」の集合と同様に）まったくつまらないものである．興味深いのは，「自然な反実在論の立場」の集合と呼んでもよいものである．すなわち，素朴な世界観において問題となった緊張を実際に取り除くであろう立場である．他の言葉で言うと，反実在論者が語りたがるかもしれない多かれ少なかれ重要でない事柄の中から，懸案のディレンマに実際に取り組む立場を――もしそれらが適切に支持できるなら――取り出すことには価値がある．
　先に明確に述べた三つの戦略は，明らかにこのような性格をもつ．つまり，それらは自然的反実在論的立場である．しかし，このグループに明確に欠けているのは，真理の本性についての固有のテーゼである．このことはもちろん，誰かが実際に事実として，反実在論的ディレンマによって，真理を説明するように強制されていると感じるかもしれないことを否定するものではない．むしろ，私の主張は，そのような反応［反実在論的ディレンマによって「真理」概念の説明を強制されるという反応］が非合理であるということである．［なぜなら］もしディレンマが本物であるなら，どのような真理の理論もその解決の助けにはなりえないだろう［からである］．

問題 17　しかし［真理論は実在論と反実在論の論争に関わらないという］この結論はきわめて直観に反する．真理の本性が，実在の構造とそれを理解するための諸条件に直接に影響することは明白である．「真理」と「実在」が互いに意味論的に分離不可能であることは確かである．したがって，実在論論争に関するあるひとの立場は，どうしたらそのひとの真理構想から分けることができるのだろうか．

　「実在論」という用語は，哲学の用語の中でも制限されることなく過剰に使用されているものである．ミニマリズムのアプローチが「実在論」としての，あるいは「反実在論」としての資格をもつ，と言えるような「実在論」の意味を確かに作り上げることができる．しかし，ここでの実質的な問題は，前に見たように，真理に関する私たちの構想と，思想や経験から独立に存在する諸事実を信じることの正当化可能性との関係に関わる．そして，そこにはいかなる関係も存在しない——あるいは私はそのように論証するだろう．逆に，科学的実在論の論争における混乱の主な源泉は，真理の問題が［この論争に］根本的に関わっていると想定する傾向にある[2]．

　反実在論は，私たちが見てきたように，実在論の常識的な対をなすコミットメント，すなわち信頼性に対するコミットメントと自律に対するコミントメントの間に緊張を感じることよって，成立する．幾人かの反実在論の哲学者は，事実が経験から独立しているので，事実は存在しない，あるいは少なくとも認識論的には私たちには接近できない，と想定した．こうして私たちは，例えばデュエム（Duhem, 1954），ポパー（Popper, 1962），ファン・フラーセン（van Fraassen, 1980）が提案しているある種の道具主義や理論的懐疑主義に到達する．逆に他の哲学者たちは，事実は検証可能であるので，それらは観察に還元されなければならない，と考えている．こうして私たちは，現象論とウィーン学団のある種の還元的経験主義を手にすることになる．しかし，これらの自然的反実在論の立場のいずれも，いかなる仕方においても，真理のミニマリズムの構想とはつながらない．第一に，ミニマリズムは，理論がデータからの構成物であると考える根拠とはならない．ミニマリズムは，全体論的な考察ときわ

---

[2]　真理に関する問題が，実在論の伝統的な事項から独立していることは，タルスキ（Tarski, 1943/4））によって強く主張され，マイケル・デヴィット（Michael Devitt, 1984）によって強調されてきた．より詳しくは，ホーリッジ（Horwich, 1996）を参照．

めて親和的である．この全体論的考察は，ほとんどの哲学者を論理実証主義のあの側面［原子論的立場］の拒否へと導くものである．第二に，科学的方法は，単に観察上適切であるだけでなく，真であると私たちが信じる理論を提供するということを支持することは，真理のミニマルな説明と完全に整合的である．デフレ的見取り図によれば，ある理論を真であると信じることは，その理論を信じることを越えてゆく当たり前のステップである．この態度の正当化可能性は，もちろんミニマリズムによって排除されるものではない[3]．

　真理に関するミニマリズムの構想は，実在論の二つの中心的な側面（正当化された信念と経験的還元可能性の問題）に関して，まったく中立的であるだけではない．私たちがここで見るように，真理の理論間の選択は，実在論をめぐる問題と直角に交差している．つまり，真理の理論が，問題の認識論的構成要素ないし意味論的構成要素に関して一定の含意をもつことはあり得ない．

　例えば，真理をある種の証明可能性ないし検証可能性と同一視する構成主義的な説明を考察しよう．真理のこの構想は，ある形式の懐疑主義が誤っていることを端的に意味しており，それゆえに実在論の認識論的な側面を支持している，と考えられがちである．同時に，文の意味は（構成主義的な意味での）「真理条件」によって与えられると考えられる．

(4)　電子がある

というような主張の内容は，

(5)　「電子がある」は証明可能である

ということより以上のことではあり得ないように思われる．したがって，理論的事実の自律性（autonomy）は失われ，私たちは意味論的な反実在論をとるだろう．

　しかし，これら二つの議論は，どちらも誤りである．ある理論 T に関する懐疑主義に対抗するためには，理論の決定不可能性に直面するにもかかわらず，可能なあらゆるデータによって，私たちが T を信じることが正当化されていると論証できなければならない．（パース（Peirce, 1932/3）によるならば）構

---

(3) 実在論の反懐疑主義的要素を支持する際に，私は他の所（1991）で，理論全体を信じることと，それよりも明らかにコミットメントが少ない道具的な受容という態度との間に，実際には何の違いもないことを論証した．

成主義は，私たちが

(6)　T は，真である

を次の前提

(7)　T は，科学的な探求の限界内で，結果的に証明される（つまり検証される）

から推論できると語る．パットナム（Putnam, 1981）の考え方では，前提は，

(8)　T は，理想的探究の歩みのなかで証明されるだろう

となるはずだ．しかし，懐疑的な視点からみると，私たちにこれらの前提のどちらか一つを信じる資格がないということはまったく明らかである．さらに言うと，たとえ仮に懐疑主義の・そ・の源泉が取り除かれるとしても，・そ・の・理・論・T・が・真・で・あ・るという正当化された信念が，なぜ T を信じることに対する正当化をもたらすのかは明らかではない．・ミ・ニ・マ・リ・ス・トは明らかにこのことを想定している．なぜならミニマリストは，それらの信念の同値性を基礎的とみなすからである．しかし逆に，構成主義者は，真理を証明可能性の用語で定義する．なぜなら構成主義者にとっては，同値図式は，真理についての基礎的な想定にもとづいて支持されねばならない実質的な主張だからである．このような論証の可能性は，まさに懐疑的なひとが否定しようとするものである．したがって構成主義は，科学的実在論を作り上げている知識についての通常の主張に，よりわかりやすい証明を与えるものではない．

多くの書き手がダメット（Dummett, 1977）にしたがって想定したのとは違って，ミニマリズムは，ある形式の反実在論に行き着くのではない．そこには次の三つのテーゼを混同する傾向がみられる．

(9)　「p」の意味は，「p」がしかじかの状況で証明されているとみなされている，という事実において成り立つ
(10)　「『p』が真である」は，「『p』が証明可能である」を意味する
(11)　「p」は，「『p』が証明可能である」を意味する

最後のテーゼは，明らかに実在論と対立する．なぜなら，これは外在的な実在に関する事実を，私たちの思想と経験に関する事実に還元するからである．

しかしながら，構成主義は私たちに（10）より多くの，そして（議論の余地があるが）（9）より多くの権利を与えない．そして，これらの前提は，科学的理論が心から独立な実在を記述していることを否定するための基礎をなんら提供するものではない(4)．

　[構成主義を真理の第一の説明だとすると] 真理の第二の説明は，真理は原初的で非認識的な性質であり，この性質は同値図式から独立に把握されるという見解である．この見解は，実在論に賛成するという明らかな含意をもつ．この見解は，理論的事実の根源的な自律性を表面上はまとっているようにみえる．結果としては，懐疑主義が不可避なものとして現れるかもしれない．なぜなら，もし真理の性質が原初的であり，全体として説明不可能であるならば，私たちが確証されたとみなす命題がこの [真という] 性質をもつ傾向があると想定する理由がないからである．しかし再度言うならば，真理の理論を，実在論や反実在論のテーゼと結合しようとするこれらの試みは，誤解である．なぜなら，「真」という語の意味は一つであり，「電子」や「超自我」などの理論的用語の諸々の意味は，まったく別々のものだからである．私たちが「真」について何を言おうと，それは，理論的用語が観察可能な用語に還元可能であるかどうかという問題に関する見解を決定しない．確かに私たちは真理の性質を神秘的で接近不可能であると考えるのだが，──「Tが真である」を評価することは困難であると想定するのだが──電子であるという性質が，神秘的で接近不可能であると想定する必要がないのと同様に，私たちはTそのものについては懐疑主義の必要はないからである．前の[真理の構成主義の場合の]議論と同様に，本質的な点は，同値図式から独立に真理を説明するどのような理論も，さらに何かを付加するのでなければ，その同値図式が成立すると想定する権利を失う，ということである．それゆえに，「Tは真である」の正当化に関する問題は，Tの正当化に関する問題と自動的に結合するのではなく，問題の真理の概念に相関することになる〔訳注2〕．

---

(4) 真理の余剰説と意味の主張可能性条件構想の結合を受容する者は誰であれ，「そのときに独我論者に危険なほど近づきすぎている」とパットナム（Putnam, 1983: 280）が議論するとき，間違ってこの道を進んでいるように見える．
〔訳注2〕この段落の最後の二つの文章はわかりにくいので説明しておきたい．
　最後から二つ目の文は，次のような意味である．たとえば，構成主義の真理理解は次の①になる．

問題18　もしミニマルな理論が含意しているように，真理が理想的探求の所産として定義されないのならば，なぜ私たちは理想的探求が真理を生み出すと信じているのか．

　ある探求を理想的なものとみなすことは，その成果を疑うべきではないと想定することである．もし火星に生命があるかどうかの探求が，それがないという帰結をもたらし，その探求が理想的だとみなされるなら，そのとき私たちは，火星には生命がないことに自信をもつはずである．ここで同値図式を前提すると，火星には生命がないという命題の真理に自信をもつはずである．同様にして，どのような理想的な探究についても，それが真理を生み出すと信じるはずである(5)．これは，ミニマルな理論と，「理想的探求」の意味からの当然の帰結である．それゆえここには，構成主義を採用する動機はない．なぜなら，定義による保証が必要であると感じる対象［真理］は，実際にはミニマルな理論から導出されるだろうからである．

---

　　①Tは真である↔Tは正当化されている
これから同値図式の事例である
　　②T↔Tは真である
を導出するには，
　　③T↔Tは正当化されている
という前提を付加しなければならない．
　最後の文は，次のような意味である．例えば，構成主義の真理理解は次の①になる．
　　①Tは真である↔Tは正当化されている
これから
　　④Tは正当化されている↔「Tは真である」が正当化されている
を導出するためには，
　　⑤Tは真である↔「Tは真である」は真である
という前提を付加しなければならない．これは同値図式の事例に他ならない．上記②の「T」に「Tは真である」を代入すれば，⑤になる．ところで，②を導出するためには，③を前提することが必要であった．ゆえに，①から④を導出するには，③の前提が必要である．
(5)　パットナム（Putnam, 1991）の用語でいうと，私たちはここで，「形而上学的実在論的」テーゼ「真理は根源的に，非認識的である」に反論している．よろしい．しかしこのことは，私たちが，認識的なアイデアを真理の観念の中に組み入れるのを認めることを意味するのではない．ピーター・ファン・インワーゲン（Inwagen, 1988）は同じような文脈で，「私たちが信じていることのかなりの部分が真であるに違いない」というパットナムの議論は，真理が認識的概念であることを含意していない，と指摘している．

注意して欲しいのだが，す̇べ̇て̇の̇仮説がある理想化された探求の影響を受けやすい，とここで推測しているわけではない．つまり，私たちは次の図式的なテーゼ

(12) 〈p〉が理想的探求の所産であるならば，〈p〉は真である

の根拠をもっているが，逆の主張——さらに，理想化された検証と真理の同一視——を支持してはいない．確かに，この同一視——つまり真理の構成主義理論——は，私たちの認識論的能力を非常に過大評価している．なぜなら，理想的な探究の射程範囲を越えた真理があるからである．曖昧さの現象（例えば，境界事例に適用された「禿げている」)，あるいはデータによる理論の未決定，あるいは決定的な検証の見込みの無い主張可能性条件を備えた文（例えば，「薬 X が病気 Y を直す可能性は，0.3 である」）を考えてみよう．これらの現象はすべて，どのような理想的な探究もその主張もその否定も生み出さない命題を含んでいるかもしれない．その場合には，私たちは次を想定する．

(13) 〈p〉は検証可能であるということはなく，かつ〈-p〉は検証可能であるということもない

しかし構成主義者の真理の定義に従えば，私たちは

(14) 〈p〉は真であるということはなく，かつ〈-p〉が真であるということもない

を推論できる．そして，同値原理

(15) $p \leftrightarrow$ 〈p〉は真である

によって，私たちは，

(16) $-p$ かつ $--p$

という矛盾に到る．構成主義の採用の動機づけがない（つまり真理と検証の間の相関関係が何であれ，構成主義はそれを説明する必要がない）だけでなく，構成主義は，真理の外延に関して間違っている．なぜなら，それは最終的に証明可能でない真理の存在を認めることができないからである．ひとはこれに応えて，「理想的な探求」の十分に膨らまされた解釈を仮定して，検証不可能な真

第 4 章　方法論と科学的実在論　　67

理を認める必要がないことを論証しようとするかもしれない．なぜなら，十分に理想的な探求は，上述の解決の難しい場合を含めて，すべての命題に対して，その真理を決定するだろうからである．構成主義的原理は，この方法によって反証例から守られるかもしれないが，しかし真理に関する私たちの基礎理論とみなすことは，前にもまして不適切になるだろう．なぜなら今や「十分に理想的な探求」という観念は，真理の概念によってまったく自然に解明されるものとなるからである．したがって，構成主義的原理は，このようなもっともらしい形式に流し込まれると，真理のミニマルな理論から導出されるものとなり，説明上の基礎とはみなされないものになる．

問題19　ミニマルな理論を仮定するとき，真理が，内在的な価値を持ち，実践的な有用性から離れて望ましいものであることは，どのようにして可能であるのか．

　真理を高く評価することは，非常にラフに言えば，図式「p iff 私がpを信じる」の充足を望むことである．それゆえに，この結果を明白に達成する探究の技術にコミットすることである[6]．真理をそれ自体で高く評価することは，他の目標との両立可能性をある程度無視して，それを求めることである．このような価値は倫理的であるかもしれないし，審美的であるかもしれないし，ひとがただ単に求めるものであるのかもしれない．これらの可能性のどれが正しいかは，ミニマルな理論にとっては開かれている．真理はそれ自体で高く評価されるのではないという可能性が開かれているのと同様である．

　真理に内在的に価値があるのならば，ミニマリズムは困ったことになる，と考えられるかもしれない．なぜならミニマリズムにはその価値を説明する源泉

---

[6] 真理を評価するとはどういうことかを明確に語る方法は，過度の単純化を二つ含んでいる．第一に，それは，私たちがすべての真なる命題を信じることを望むと示唆しているが，実際には，私たちは，真なる命題のほとんどのものについては，その真理値に興味がない．第二に，それは信念の程度を認めない．実際には，私たちが望むことは，もっともらしい諸々の判断の誤りをある意味で「最小化する」ことである．もし信念が0と1で表示されるのなら，私たちが望むことは，各々の命題〈p〉に割り当てられる確率と，（〈p〉が真なら）1，あるいは（〈p〉が偽なら）0，との間の差異を最小化することである．これらの願望は新しいデータの獲得によってかなえられるという論証と併せて，この問題に関する議論については，ホーリッジ（Horwich, 1982b）を見よ．

が欠けているからである⁽⁷⁾．しかしこの批判は不当である．なぜなら，真なる信念がなぜ内在的に良いものであるのかを説明する際の困難は，他の特別なもの（例えば，優しさ，幸福，など）について，それらがなぜ内在的に良いものであるのかを説明する際の困難より，多くも少なくもないからである．問題は，ミニマリズムの真理の概念の受容からよりも，内在的な良さという概念を理解する際の失敗から生じている．より専門的にいうと，何かが内在的な良さという性質をもつとはどういうことかを私たちが知らない限り，真理がなぜ内在的な良さをもつのかの説明も思い浮かばない．このことは，どの真理の理論を受容するかとは無関係である．他方で，内在的な良さについてのある説明を想定するなら，その想定に基づいて，真理がなぜその性質をもつのかについての，ミニマリズムに受け入れ可能な説明を行うことは，十分に可能である．例えば，「内在的な良さ」の分析を，「人間の福祉に通常の貢献をすること」という線にそって，ラフに考察してみよう．この種の理論に基づいて，（問題11への回答の中で与えられた）真理の実用主義的な価値についてのミニマリズムの説明は，内在的価値の説明へと展開されるかも知れない．そのような説明が，価値の内$\overset{\bullet}{在}\overset{\bullet}{性}$を掘り崩すものでないことに注意して欲しい．なぜなら，「それ自体で」真理に価値があると認めること——つまり，真理が実践的な利益をもたらさない場合にも真理が良いと想定すること——は，この［内在的な］価値の説明が，真理の$\overset{\bullet}{通}\overset{\bullet}{常}$の利点から独立していると想定することではないからである．

問題20　ミニマリズムは，真理に向かう科学の進歩の観念をどのように取り込むことができるのか．

　［科学の進歩の観念については］，理論 $T(1)$, $T(2)$, …$T(k)$, …$T(\text{final})$ の全体の時間系列があり，次第に（しかし必ずしも単調にではないが）$T(\text{final})$ により似たものになり，$T(\text{final})$ が真理であると想像することで十分である．$T(\text{final})$ は，未知で現在のところ表現不可能な命題の連言である．しかし，問題2への回答で見たように，これは真理述語を適用する障害にはならない．

---

(7)　バーナード・ウィリアムズ（Williams, 1996）は，これらを根拠にして，ミニマリズムについての懐疑を表明する．

「理論的類似性」の観念は，説明すべきものにとどまっており，この類似性が高いレベルで予測できることないし予想すべきことを期待する理由はない．私たちは，主張の二つの集まりが互いにどの程度似ているかについての通常の大雑把な直観でやり過ごすことができる．これらを比較するためには，もちろん理論形成がかなりの程度相互に翻訳可能（あるいは，クーンの用語でいう「共約可能」(Kuhn, 1962)）であることが必要である．私は，これが可能であることを示そうとはしなかった．しかし私はここで，科学において実際に進歩があると議論しているのではなく，真理のミニマリズムの概念はそのような［科学の進歩の］テーゼを妨げるものではない，と議論しているのである[8]．

問題21　真理についてのミニマリズムの概念の視点からは，科学的方法の適切な正当化を産み出すことは不可能である．(Friedman, 1979)

　信念を獲得する方法が私たちを真理の方向へ導くという論証は，ある前提に基づいて行われるが，その前提そのものが，私たちが正当化しようとしている［科学的］方法からの成果であるのかもしれない．つまり，ある科学的方法 M が信頼できるという事実の説明は，M の採用の成果だと信じられている幾つかの前提を含む諸前提から始まるのかもしれない．マイケル・フリードマンによれば，この種の導出は，時に，方法 M の正当化を構成する．彼は，真理の十分に実質的な概念を前提して，そこに明らかに含まれている循環性がかならずしも悪性のものでないと論じる．また彼は，［M が信頼できることの］導出を，もつに値しないほど簡単に提供できるものとみなす必要はないと論じる．結局彼が言うように，M の所産が，M が信頼出来ないことを含意する理論を提案することはないということのアプリオリな保証はない．それ故に，たとえ証明が M そのものの成果を採用しているとしても，もし証明において信頼で

---

[8]　たとえ私たちが「最終の (final) 真なる理論」が存在するという考えをあきらめるとしても，真理に関して科学は進歩しているという，もっと弱い見解にはまだ意味があるだろう．(a) 命題〈おおよそ p〉が真である場合には，命題〈p〉は，おおよそ真 (roughly true) である（例えば，ジョンはおおよそ 6 フィートである，が真であるときには，ジョンは 6 フィートである，はおおよそ真である）．(b) 諸理論全体のおそらく有限な系列の後半部分は，前半部分よりも，おおよそ真である基礎的な理論的主張をより多く含む傾向がある．(c) その系列のほとんどのメンバーは，それより前の諸々のメンバーが，それに次第により多く理論的に類似してくるようなものである．

きることが明らかになるならば，M に関する嬉しい驚きであり，かつ認識論的に重要な事実でありうる．

デフレ主義に対するフリードマンの反論は，真理のそのような非実質的な概念の視点からすると，信頼性の証明を生み出すことは瑣末なことになるだろう，ということである．その結果として，これらの証明は，説明のための重要性や認識論的な重要性をまったくもたないことになるだろう．そして私たちは，科学的探究の信頼性への確信の根拠をもたないまま取り残されるだろう．

フリードマンは次のように推論する．

(17) 方法 M が信念 $p_1, p_2, p_3, \cdots, p_n$ を生み出した

と想像しよう．方法 M の信頼性を引き出すためには，前提 (17) と追加の前提 $p_1, p_2, p_3, \cdots, p_n$ を結合することで十分である．これらの追加の前提（と同値図式）から，私たちは次のように推論する．

(18) 「p_1」は真である
「p_2」は真である
「p_3」は真である
　　…
「p_n」は真である

このとき私たちは前提 (17) から，M が真の信念を生み出すという結果をえる．

この擬似的説明は確かに無価値であり，方法 M に対するどのような支持も産み出さない．しかし，ミニマリズムに非難を投げかける前に，次の一連の問いを考慮すべきである．

(19) ミニマリズムは，上記の擬似的説明のなかで何らかの役割を果たすのだろうか
(20) M の信頼性についての——ミニマリズムと両立する——より実質的な証明はありうるのか
(21) 真理の非-ミニマリズムの理論の視点から，M の信頼性に関する有効な証明はあるのだろうか

これらの問いへの答えが，それぞれ「はい」「いいえ」「はい」であるならば，

私たちは，ミニマリズムが認識論的に好ましくない帰結をもつと結論しなければならないかもしれない．しかし実際には，私は，これらすべての問いに対する答えは「いいえ」であると思う．第一に，上述の擬似正当化は，真理に関するすべての理にかなった説明に共通している同値性にだけ依存している．ミニマリズム――その双条件法が，真理の理論を尽くしている――は，何の役割も果たしていないし，非難されることもありえない．第二に，ある方法の信頼性は，他の方法によって発見された事実を前提することによってうまく証明されうる．しかしその場合には，その他の方法の信頼性が問題になるだろう．結局，ある方法（あるいは方法の集合）が，フリードマンが提案する仕方でそれ自身を正当化する能力をもつのかどうかに関して，問題が生じる．そして，真理の理論に関係なく，そのような正当化が与えられうるとは，私には思えない．

　私がここで問題にしているのは，科学が徹底した方法でそれ自身の基礎を掘り崩すことが可能であるかどうかである．私が提案するのは，フリードマンによって予想された循環的な手続きは，ひどい失敗をすることはありえないし，またこれは，採用されている真理の説明とは何ら関わらない，ということである．方法 M からの成果となる理論が，M の信頼性の説明を提供するのに失敗するかもしれないということを否定しているのではない．なぜなら，[M の信頼性を説明するには]おそらくそれ以上の理論が必要であるから，あるいは，おそらく M の信頼性は説明することがかなり難しいからである．私が問題にするのは，M からの成果となる理論が，M が信頼できないことを含意するかもしれないということである．予言が間違っていたかもしれない限りにおいて，予言の成功によって理論が支持されることになる，ということに私は賛成するので，その結果として，フリードマンの循環的説明手続きの成功が，M を信頼することへの何らかの正当化を構成するのかどうかを問題にする[9]．

　この懐疑を動機付けるために，二，三の事例を考えさせてほしい．観察的信念 $O_1, O_2, \cdots O_n$ を基礎にして，私たちは理論 T を要請するが，T は私たち

---

(9) フリードマンの関心は，M の成功の説明にのみあり，M への信頼の理由を与えることにあるのではないのかもしれない．しかし，この解釈は，次のさまざまな事実と調和させることが難しい．(1) ミニマリズムの立場で受容可能な，M の信頼性の瑣末でない説明を見つけられないと考える理由は何もない．(2) M は自分自身を掘り崩すかもしれないと主張することが必要だと考えられる．(3) それによって私たちのほとんどの信念が偽であると考えることができるような真理の構想をもつことが必要だと考えられる．

の観察方法があまり信頼できないことを伴立している，としよう．この場合に，その理論は，一方ではそれが $O_1, O_2, \cdots O_n$ を含むという事実によって確証されており，他方では，$O_1, O_2, \cdots O_n$ が高い比率で間違っているという事実を伴っている．それゆえに T は内的に不整合であるにちがいない．私たちは，第一に，理論 T を要請すべきではなかった．同様に，私たちの理論が帰納によって正当化されており，帰納推論が信頼できないということを含むと想定しよう．他の言葉で言うと，

　(22)　T^* → データは過去に T^* を確証したことがあるが，それらのデータは未来において T^* を確証しないだろう

こうして科学は，合理的に追求されると，それ自身を妥当でないものにしうるという限りにおいて，限界をもつ．しかしこのことは真理の本性とは関係がない．特に，ミニマリズムの帰結とは関係がない．逆にフリードマンは，真理に関する自然主義的（因果的）理論が，科学的な自己批判や自己妥当化の余地を残すだろうと示唆する．なぜなら，真理に関する自然主義的（因果的）理論は，私たちが検証されているとみなす信念のほとんどが真理の自然主義的性質をもたないことが明らかになる可能性を残す，と考えるからである．しかしこれは幻想である．もしそのような性質——つまり真理の自然主義的還元という性質——があるならば，その性質は，私たちが検証の事例だと考える状況の中に存在することが多いという前提によってのみ，そのような性質として認められうるだろう．もし私たちがこの制約を課さないのなら，私たちは，真理のミニマルな理論に反するだけでなく，「p」と「$\langle p \rangle$ が真である」の同値性を尊重するどんな理論にも反することになるだろう．したがって，真理に関するほとんどありそうにない説明ですら，＜私たちの信念が大部分は偽であり，それに到達する私たちの方法は信頼出来ない＞ということを理解可能なものにするだろう．フリードマンの認識論的戦略の制限された応用可能性が，ミニマルな理論の拒否によって拡張されることはないのである[10]．

これまでの章では，ミニマリズムの観点を明晰で説得力のあるものにしようと試みたが，ここでは私は，その哲学的な含意の検討を，特に実在論に関する

---

(10)　フリードマンのこの方向での思想に関するさらなる批判については，ウィリアムズ (Williams, 1986) を参照せよ．

論争について始めた．哲学者たちが真理に関する観念が中心的な理論的位置を占めるに違いないと想定することは驚くことではないが，私が示そうとしたことは，そうではないということである．多くの問題は，真理が本質的に絡んでおり，その解決は真理の基底的本性についてより多くのことを発見することにかかっている，という確信によって深刻化している．反対に，私たちは，真理の観念は，それが科学哲学において適切に使用されている限り，ミニマリズムの機能よりも多くのことを示さない，ということを見てきた．次の章では，私は同じ論点を，意味論の広範な諸問題について論じる．(a) 理解の本性，(b) 論理学の基礎，(c) 空名，(d) 曖昧さ，(e) 倫理的主張の身分，を取り上げよう．それぞれのケースで，もし問題の解決が真理の概念に依存していないことが認められたならば，問題がどのようにして，はるかに単純なものになるかを示そう．

第5章　意味と論理

問題22　デイヴィドソン（Davidson, 1967）が議論したように，文，例えば「タキオンは時間を逆進できる」を理解することは，その文が真であるために何が事実でなければならないかを理解するという問題，あるいはその真理条件を知るという問題である．すなわち［上の文を理解するときに］ひとは，「タキオンは時間を逆進できる」が真である iff タキオンは時間を逆進できる，ということに気づいていなければならない．それゆえに，この［真理条件の］知識は「…は真である」の理解を構成するためにも役立つというミニマリズムの主張には賛成できない．なぜなら，その場合には一つの等式のようなもの［T文］と二つの未知のもの［文の意味と真理概念］に向き合うことになるからである．もし「タキオンは時間を逆進できる」の真理条件の知識がその文の理解を構成するならば，この［真理条件の］知識は，あらかじめ存在する真理の概念を前提するだろう．（Dummett, 1959; Davidson, 1984）

　ここで正しいことは，文の真理条件の知識は，その意味の知識と文の真理の把握の両方を同時に構成できないということである．ここで間違いなのは，これらの選択肢の中の前者［文の意味の知識を先に構成すること］を選択することである．なぜなら，そう考えるとき，私たちは，どのようにして次のことを知ることになるのだろうか．

(M)　「タキオンは時間を逆進できる」が真である iff タキオンは時間を逆進できる

　この離れ業は，どのようにして達成されるのだろうか．思いつくのは，私たちが文「タキオンは時間を逆進できる」をある可能な事態と意図的に結びつけるということである．その際の結びつけ方は，文「タキオンは時間を逆進できる」を，その事態が獲得される時そのときに限り真であるとみなすと私たちが決定することである．しかし，この立場にはかなりの困難がある．個人が，あ

る可能な事態を表象するというその種の心的な出来事——それを R と呼ぼう——をもつまでは、彼がそのように明示的に結びつけようと考えることは不可能である。そして、[その種の心的出来事をもつ] 場合には、二つの問題が生じる。第一に、この文とその可能な事態との結合を、(M) によってではなく、むしろ次の定義によって表象するのがより簡単だということである。

(M*) 「タキオンは時間を逆進できる」は、R と同じ意味をもつべきである

ここには真理の観念が含まれる必要がない。そして第二に、私たちは、何が・・その意味と共に表象 R を与えるのか、という問いを取り上げなければならない。無限遡行を避けるためには、ある表象的な存在が、可能な事態と明示的に結合していたというのとは異なる手段によって、その内容を得ることを認めなければならい。しかし、真理条件的アプローチには、そのような代替手段の余地がない。さらに、もしある場合の意味 [たとえば、反事実的条件文や命令文や疑問文の意味など] が、真理条件との明示的な結合からは生じないとすると、「タキオンは時間を逆進できる」の理解がそのような性質をもつことをどうして想定すべきなのだろうか。

この混乱を回避する方法は、一方で確かに文の理解はその真理条件の明示的な知識とたいてい一致しているが・・・・・・・、他方で文の理解はそのような知識の中にあるのではないと認めることである。文の理解は、むしろ、文の構文的な構造と文を構成する語の理解によって構成される。次に、語の理解は、語の使用の基本的規則性を知ることである。この規則は、その語が出現するすべての文のすべての使用（これは主張可能性条件を含む）を説明する。「タキオンは時間を逆進できる」がこのやり方で、真理の概念をもつひとによって一旦理解されるなら、そのときミニマリズムの説明は、「タキオンは時間を逆進できる」が真である iff タキオンは時間を逆進できる、ということをそのひとが知っていることを伴う。すなわち、彼が「タキオンは時間を逆進できる」の真理条件を知っていることを伴う。さらに言うと、そのような知識は、通常は「タキオンは時間を逆進できる」を理解するひとにのみ帰属しうる[1]。したがって、真理の

---

(1) しかし、常にではない。ドイツ語が解らないのに、'Schnee ist weiß'（「雪が白い」）が真であるのは、凍った H2O が白いときそのときに限る、と言われたひとは、そのドイツ語の文がわからない。たとえ彼がその真理条件を知っているとしてもである。なぜなら彼は、'Schnee' が「雪」を意味するのか「凍った H2O」を意味するのか知らないからである。

概念を持ち，「タキオンは時間を逆進できる」を理解しているひとは，真理条件を知るようになる．しかし，反論が想定していることとは反対に，その［文の］理解はこの［真理条件の］知識からは導出されない(2)．

　この立場［文の理解はその真理条件の知識からは導出されないという立場］のいくつかの側面を強調させてほしい．第一に，理解の自然主義的な特徴付けを与えるときに使用に頼ることの長所は，語の使用の知識がどのように明示されるのかが明らかであること（つまり，ある条件下でその語を含む一定の文の受容によって［明示されること］）である．他方で，真理条件の知識がどのように明示されるのかは，まったく明らかでない．その知識は，私が前に示唆したやり方で，つまり意味の知識（これは次に使用の用語で説明される）と真理概念の把握の所産として説明されるのでない限り，まったく明らかでない．第二に，語の使用が，ときに特定の文の受容を含むということは，その文の真理条件が満たされている時そのときに限るということは，語の使用の観念の整合性ないし選好性へのいかなる反論でもない．例えば，「青い」の使用が「あれは青い」の受容を含むのは，指定された対象が青いときそのときに限る．これは，語の使用の知識がどのように明示化されるのかを私たちが知りうるという事実を変えるものではない．その際，私たちは，語の使用が真理条件の決定にどのように貢献するのかについての知識がどのように明示化されるのかを知ることができない．第三に，使用に関連して意味（と真理条件）を分析することは，文は主張可能であることなしには真ではありえない，ということを含意しない．一つには，私たちは，文の意味を主張可能性条件と単純に同一視しないからであり，二つには，仮にそうするとしても，文の主張可能性はその真理からは帰結しないからである(3)．最後［第四］に，次の二つのことが，意味の真理条件的分析の長所であると時々主張される．一つは，意味の「真理条件的」分析が，合成的表現の意味がどのようにその部分の意味に依存しているのかを見ることを可能にすることである．二つには，それゆえにその分析が，どのようにして潜在的に無限な合成表現を有限な心で理解することが可能であるのか，を見ることを可能にすることである．しかし，これらの主張される長所は，幻である．

---

(2) この立場の言明については，ハーマン（Harman, 1974, 1982）を見よ．意味の使用理論については，問題32への回答の中で，より詳しく論じた．また，私の *Meaning*（1998）を見よ．

(3) この点の詳細については，問題17と問題18の科学的実在論についての議論を見よ．

意味の合成性は，意味の使用概念の内部に取り込むことができるからである．語がもっている意味を語がもつという事実は，語の使用についてのある事実において成立する．その限りにおいて，複合表現の意味は，複合表現が，その構成要素の意味の基底にある事実を伴う一定の構造をもつという事実において成立する．合成性へのこのアプローチの背後にある中心アイデアは，複合表現の理解は，定義によって，その構成要素の理解と，構成要素が互いにどのように結合しているのかの理解を越えるものではないということである．もしこのとおりならば，合成性は，語の意味が構成される仕方に関して，どのような制限ももうけることができない．なぜなら，これを行う特徴の基礎に何があろうと，その種の特殊な特徴をもつ語から，複合的なものが現にそうであるように合成されているおかげで，複合的なものは，それが意味していることを意味するからである．特に，もし語の意味がその使用から引き出されるなら，複合的なものの意味は，ある用法をもつ語のある仕方での結合の結果であるということの中に存在する(4)．

問題 23　偽と否定についてはどうか．

　最も単純なデフレ戦略は，偽を真理の欠如として，次のように定義することである．

　　(1)　$(x)(x$ は偽である $\leftrightarrow x$ は命題であり $\& x$ は真でない$)$

あるいは，他の言葉で言うと，

　　(2)　$\langle p \rangle$ は偽である $\leftrightarrow \langle p \rangle$ は真でない

語「でない（not）」に関して，それと他の論理定項の両方を説明する最上の方法は伝統的に真理表によると考えられている．否定の場合には，真理表は一般的に次のように理解される．

---

(4)　合成性についてのこの見解の詳細については，私の 1997a を見よ．これは私の *Meaning*（1998）の 7 章に収録されている．

(3)

p	not p
T	F
F	T

しかし，ここの文脈では，そのような説明は，受け入れられない循環である——私たちは，偽を否定の用語で定義し，今度は，否定を偽の用語で定義している．さらにいうと，論理学者の用語「not」（下線付き）は，真理表によって定義されていると想定されるが，英語の「not」を意味せず，むしろ「は事実ではない」あるいは，他の言葉で言うと「は真ではない」を意味する．これは私たちが定義を必要とするものではない．

　これらの問題［偽の定義の問題と否定の定義の問題］のうちの第二の問題［否定の定義の問題］を扱い，論理学者の 'not' の説明を，偽に関するミニマリズムの説明と結びつけるためには，その説明に少し変形を施さなければならない．私たちは，(2) を次の定義

　(2*)　⟨p⟩ は偽である ↔ not ［⟨p⟩ は真である］

あるいは，同じことだが，

　(2**)　⟨p⟩ は偽である ↔ not p

で置き換えなければならない．そして，最初の問題［偽の定義の問題］を扱い，真理表での 'not' の定義を (2*) と結合する際に巻き込まれる循環を取り除くために，ミニマリズムの提案と一致させてそれらを解明することにより，真理表の中に生じる真と偽の観念を消去しなければならない．その場合，そもそも

　(N)　(i)　⟨p⟩ は真である → ⟨not p⟩ は偽である
　　　(ii)　⟨p⟩ は偽である → ⟨not p⟩ は真である

と語る真理表の行と，この二つの行の一方を適用するという暗黙的な主張，即ち

　　　(iii)　⟨p⟩ は真である，あるいは，⟨p⟩ は偽である

は，次のテーゼに変形される．

第 5 章　意味と論理

(N*) (i*)　$p \to$ not not p
　　　(ii*)　not not $p \to$ not p
　　　(iii*)　p あるいは not p

「not」が，(3) や (N) によってより，むしろ (N*) によって暗黙的に定義される見なすとき，私たちはもはや偽の用語で「not」を説明しようとは企てない．こうして，循環するという脅威は取除かれた．しかしこれら三つのテーゼは，ある程度は「not」の意味を限定するが，それを完全に確定するには不十分である．「not」の意味の完全な説明は，その使用に関して，その語の採用の全体を説明するのに十分な基礎的な事実を含んでいなければならない．そのような基礎的な使用の規則性は，演繹的論理の諸定理の受容を適切に含むかもしれない．それは (N*) の中の暗黙的法則を含む．しかし，それ以上の用法のパターンは，(N*) によって含意されておらず，承認されなければならない，つまり，

(K) 「not p」は，「p」が受容不可能である程度に応じて受容可能であるという原理によって特徴づけられるパターンである．おそらく，(N*) と (K) の結合は，他の用語の使用についての事実と結合されるときに，「not」の運用の仕方をすべて説明できるだろう．もしそうなら，その意味は確定され，私たちは定義 (2*) によって，循環のおそれなしに，その用語で偽の定義を進められる．

問題 24　フレーゲ (Frege, 1918) が述べたように，論理学は真理に関する学問である．したがって，真理の説明と論理学は，それらが同一ではないとしても，少なくとも確かに互いに結合しているはずである．しかし，ミニマルな理論は，無矛盾原理が真であることすら証明できない．

真理の概念は，論理学の法則と形而上学を述べる際に組み込まれている．例えば，

(4)　「$p \to p$」という形式のすべての命題は真である
(5)　条件法とその前件が真であるなら，その後件は真である
(6)　論理的推論の法則は，真理を保存する

したがってひとは容易に，真理と論理学は互いに特別な親密な関係をもっているという印象をもつ．確かにフレーゲは，ちょうど生物学が生物の科学であり，天文学が星の科学であるのと同様に，論理学は真理の科学であると主張していた．しかし，代替となる諸論理学の間の競争が，真理に関する概念の間の選択として記述されるのは，ありふれたことではなかった（例えば，Dummett, 1977; Putnam, 1978）.

ミニマリズムの視点からすると，この考え方は不正確である．真理の観念が論理学の中に深く組み込まれている理由は，論理学が真理に関するものであるからではなく，単純に，論理学はまさにある種の一般化を構成するが，真理述語はその一般化の定式化を可能にするからである．

さらに，真理と指示の理論を別々に尊重すべきなのと同様に，同じ理由で，もし可能ならば，論理学を真理の理論から区別すべきである．例えば，真理に関する同一の理論が，分配律が真であることを証明するために古典論理学と結合されうることも，あるいは，分配律が真でないことを示すために量子論理学と結合されることもできる．相対性原理が真であるという私たちの信念は，それの導出のために物理学からと同様に真理の理論からも諸仮定を要求するが，それと同様に，無矛盾の原理が真であることを証明するために，単に真理の理論だけでなく，論理学に訴える必要がある．これが意味しているのは，例えば，ニュートン物理学とアインシュタイン物理学の間の問題が真理にはほとんど関わらないの同様に，古典論理学と直観主義論理学の間の問題も真理にはほとんど関わらないということである．前者を，真理に関するニュートン的概念とアインシュタイン的概念の間の抗争として記述することは馬鹿げているだろう．同じ理由で，論理学の論争を「真理に関する古典論理学の概念」と「真理に関する直観主義論理学」の間の競争として考えることは間違いである．

私はこの本の中では古典論理学を使用するが，真理に関する私の主張のどれ一つとして，古典論理学を前提していない．私がまさに強調したように，ここに提出された観点の中心的見解は，真理理論と論理の理論が互いに関わりをもたないということである．したがってミニマリズムは，直観主義や量子論理などの逸脱的な論理学の文脈においてさえも真理に関する適切な構想であり，推論に関する非古典的規則の望ましさを証明するどんな論証によっても崩されることはないだろう．

問題25　もしかするとミニマリズムは代替となる諸々の論理学を公正に扱うことができるかもしれない．しかしミニマリズムは，論理の基礎付け——他の論理学に対するある論理学の正当化——において真理が果たさなければならない役割を公正に扱うことはできない．

　しかし，この嫌疑もまた誤解である．なぜなら，真理の概念は，論理の正当化において，実質的な役割を果たさないからである．これを見るために，推論の基本規則の体系Lが考えうる範囲でどのように正当化されうるかを考察しよう．考えられるかもしれない一つの戦略は，真理を主たる意味論的観念とする原理によって，つまり真理表によって，論理定項の意味を指定し，次にこれらの原理を基礎にして，Lの規則が真理を保存することを示すことである．この戦略の問題は，これが露骨に循環していることである．なぜなら，定項の意味を指定する諸原理は，私たちが正当化しようとしている当の諸規則のありきたりな再定式化にすぎないからである．たとえば，「かつ」に関する古典的真理表は，次である．

(7)

p	q	p&q
T	T	T
T	F	F
F	T	F
F	F	F

これは次の推論規則と同等である．

(7*)　　$\dfrac{p, q}{\therefore p\&q}$　　$\dfrac{-p, q}{\therefore -(p\&q)}$　　$\dfrac{p, -q}{\therefore -(p\&q)}$　　$\dfrac{-p, -q}{\therefore -(p\&q)}$

$$\therefore (p\&q) \vee (-p\&q) \vee (p\&-q) \vee (-p\&-q)$$

この二つの間の違いは，真理と偽の同値原理[の違い]以上のものではない．これらの規則が他の論理定項の基礎にある規則で補足されるとき，私たちは古典的な命題計算を手に入れる．こうして，真理表は私たちが支持しようとしている推論規則と実質的に異ならず，適切な出発点を形成するものではない．

　論理Lの正当化のための第二の戦略は，論理定項の意味を，主たる意味論

的観念が真理以外のもの——主張可能性や証明——であるような諸原理によって指定することで始まるだろう．たとえば，選言についての直観主義的説明を考察しよう．

(8) あるものが「AvB」の証明であるのは，それが「A」の証明である，あるいはそれが「B」の証明であると私たちが知ることができる場合である．

論理 L における証明だけがこれらの原理と一致することを示すことによって，ひとは論理 L を正当化しようと望むのかもしれない．しかし，私たちは，この戦略に関して次の二つの事実を理解すべきである．

第一に，ここにはどのような真理の説明も含まれていない．論理の基礎付けにおいて，ミニマルな理論を越えたものが要求されていると考える理由は確かに何もない．真理に関する前提がある段階である役割を果たさなければならないと考えられるかもしれない．というのも，L の諸規則が真理を保存することを示すことが，全体のポイントだったのではないだろうか．しかし，仮に私たちの目標のそのような特徴づけ[推論規則が真理を保存すること]を仮定したとしても，ミニマリズムはそれを行なえる．もし L が論理定項の意味と一致する推論の規則の体系を提供することを示すことができたなら，私たちは L の規則の正当化を行ったのである．そのときもし私たちがしようとするならば，もし L の論証の前提が真であるなら結論も真である，という結論を引き出すために同値図式を導入できる．しかし，この最後のステップは不要であり，ミニマルな理論を超えるものを何も含んでいない．

この戦略に関する第二の論点は，それが，論理学についての循環的でない正当化を提供していないという点において，最初の戦略とおなじ欠点をもつ，ということである．各論理定項に関して，それを含む文の主張可能性条件を制限する原理は，ひとがそれから引き出すかもしれない推論規則を超える認識論的優先性をもっていない．主張可能性条件と推論の基本諸規則はどちらもそれぞれ，論理定項の使用の規則性を決定する．意味が使用において構成される限り，それら両者は，論理定項の意味を指定するものとみなされる．そして，もし主張可能性条件をそれ以上の正当化なしに指定する原理を受容することが正当化されているのならば，最初に推論の基本諸規則を受容することも正当化されるはずである．

第 5 章　意味と論理

私としては，演繹的論理の原理は疑わしくないし，証明的正当化を必要としてもいない，と考えたい．その代わりに私はクワイン（Quine, 1953）の想定に従うだろう．それは，科学的な理論化に依存している論理的諸原理は，経験を同化する最も単純なやり方に属する限りにおいて正当化されているとする想定である．私はさらに，科学の外の日常生活のなかで運用される論理的諸原理は，経験の光の下での見直しに従わないと言うだろう．したがって，これら［論理的諸原理］へのコミットメントは，アプリオリである．それらの正当化は，実用主義的（pragmatic）である．純粋に実践的な目標が，それらの適用によって促進されている(5)．これらの［実用主義的な］結論に関してはここでは論じなかった．私が示したかったことは，論理定項の意味についての仮定から論理を正当化することが実質的なことではない，ということであり，いずれにせよ，そのような正当化は真理のミニマリズムの概念を脅かさない，ということである．

問題26　真理値ギャップはどのようにして認められるのだろうか．（Dummett, 1956）

　真理値ギャップはありえない．まず偽についてのミニマリズムの見方からはじめよう．偽の定式化は

(2*)　〈p〉は偽である ↔ not［〈p〉は真である］

あるいは

(2**)　〈p〉は偽である ↔ not p

となる．これらの定義のどちらも，同値図式

(E)　〈p〉は真である ↔ p

との連言によって，次の結論を生み出す．

(9)　〈p〉は真ではなく，かつ偽でもない → not p & not not p

---

(5)　さらなる議論については，私の1997eを見よ．これは*Meaning*（1998）の第6章に再録されている．

したがって私たちは，真理値をもたない命題を主張できない．なぜなら，それは矛盾を含むからである．さらにいうと，古典論理（とくに，排中律「$(x)(Fx \vee \neg Fx)$」）を仮定すると，ある命題は真でなくかつ真でないこともない，という主張を控えるだけでなく，すべての命題は真か真でないか，つまり真か偽であると主張することへ進むことができる．

確かにこれらの帰結は，真理のミニマルな理論だけからは導出されない．しかし，真理の欠如として偽を定義することに依存している．ひとは，私が薦めるものより狭い偽の概念を構成することによって，真でも偽でもない命題に余地を与えるかもしれない．ひとは，命題が非真であるさまざまな異なる方法を区別しようとするかもしれない．「偽であること」はその方法の一つに過ぎない．反対に，偽についてのミニマリズムの特徴づけが正しいと想定するための理由は，次のとおりである．

(a) その説明は，私たちの前理論的直観を反映している．つまり，もしある命題が真でないならばそれは偽であり，そしてあることが事実でないならば，それが事実であるという主張は偽である
(b) 偽に関する道理にかなったありそうな代替案となるどんな特徴づけも，概念のこれらの特性を取り入れることができない
(c) 真理のミニマリズムの見取り図は，――(2**)のような――偽についての並行的な説明を後押しする．それによると，偽を帰属させることは，非意味論的な命題［意味論的な概念を含まない命題］とほとんど同値である
(d) ミニマリズムの精神は，意味論における理論的研究のために真理と偽を設定しようとするそれらの説明を排除する

こうして私たちは，偽に関するミニマリズムの見解（それは原理(2*)と(2**)に体現されている）を受け入れ，どのような命題も真でも偽でもないことはありえないという結論を受け入れる十分な理由をもつ．

問題27 しかし，哲学は，非指示的な名前，曖昧性，倫理の情緒主義的概念，などの現象を取り入れるために，真理値ギャップを要求するのではないのか．

これらはすべて，真理が実在の基礎的内実であるという誤った印象が，真理

第5章 意味と論理　85

が哲学的理論化において実質的な役割を果たすべきであるというアイデアを促してきたケースである．他方，ミニマリズムの立場は次のようなものである．つまり真理はそのような役割を果たしえず，また，真理にそのような役割を一つでも与えようとするときにはいつでも，それが間違いであると認めることによって，哲学的な問題が明確になり解決される．

最初に，ラッセル（Russel, 1905）がフレーゲ（Frege, 1891）に反対して論じたように，原子命題は，単称名辞の指示対象が存在することを伴立している．$\dot{a}$は$\dot{F}$であるは$\dot{a}$が存在するを伴立する．もし$\dot{a}$が存在するが偽であるならば，$\dot{a}$が$\dot{F}$であるは偽である，ということを認めるのが自然である．それゆえに，空虚な単称名辞を含む原子命題を偽とみなすのがもっともなことかもしれないし，そのような命題は真理値ギャップを求めていない．この帰結を確かなものにする一つの方法は，確定記述についてのラッセルの理論（Russell, 1905）を，名前の述語化に関するクワインの戦略（Quine, 1953）と結合することである．これは，単称名辞をもたない論理式を作り出す．たとえば，「アトランティス」という空名を含んだ

(10)　すべてのひとはアトランティスからきた祖先をもつ

は，次のようになる．

(10*)　$\dot{ア}\dot{ト}\dot{ラ}\dot{ン}\dot{テ}\dot{ィ}\dot{ス}$であるという性質をもつ場所がある．すべてのひとはそこから来た祖先をもつ

そしてこれは議論の余地なく偽である．

問題 28　多くの述語——たとえば，「青い」「小さい」「はげた」「山」など——が，確定した外延をもたないことは明らかだ．そのような述語がある特定の対象に適用されるとき，結果は間違いなく，真理値のない命題となる．

私たちは，次のような命題を認めることができる．つまり，その真理値が決定され得ず，「確定した真理値をもたないもの」とか「客観的に，真でも偽でもないもの」として記述されるのがよいかもしれない命題である．明らかにこれらは，曖昧な性質を境界事例に帰属させる命題である．しかし，そのような説明において，古典論理の排中律 $(x)(Fx \vee -Fx)$ を諦めるように強制されて

いるわけではない．これは私たちにとって好都合だ．結局のところ古典論理が単純で馴染み深いことは魅力的なことだ．さらに，それは日常の言語実践から引き出された論理である．日常の言語は，大部分は曖昧である．したがって，もし曖昧性の現象が古典論理から離れることを指示するはずだとしたら，それは異常なことである(6)．さらに言えば，何が起ころうと一旦非情にも排中律を適用したならば，すべての命題が真か偽であるという二値原理を保持したとしても，さらに直観に反するということはない．反対に，二値原理を拒否することは，問題26への回答でみたように，直ちに矛盾に行き着く．したがって，もし可能ならば，私たちは古典論理の原理を保持すべきである．しかし，曖昧性に関する満足のいく処理を手にして，古典論理の原理の保持を明白に認めるまでは，古典論理の原理の取り下げ要求から完全に解放されることはない．

　そのような説明を獲得するための有益な一歩は，通常の真理と確定的 (de-terminate) 真理の区別を認めることである (Field, 1986; Wright, 1987)．これは，曖昧な述語が境界事例に適用されている命題は確定的に真ではないが，それにもかかわらず真であるかもしれない，と語ることによって私たちの違和感を癒すことができる．確定性という必要な観念の自然な解明は，次の場合に言及することによって与えられるかもしれない．つまり曖昧な述語の意味が，ある事例でその適用が正確であるか不正確であるかをわからなくさせている場合である．すなわち，性質F性をもつ対象が，確定的にFであるのは，それがFであることを見届けることに対する意味論的障害が無いときであり，確定的にFではないのは，そのような障害があるときである——つまり述語「F」の意味が，Fが適用されるかどうかについての安定した結論に到達する見通しを排除するときである，と言える．例えば，不明瞭な事例——砂粒の小さな塊——に対して「山」を帰属させることを考えてみよう．「山」の意味と，砂粒

---

(6) 古典論理の適用を確定した真理値をもつ命題へ制限することを，私は歓迎しない．第一に，そのような戦略は，一般的にうまく機能しない．なぜなら，しばしば論理の使用は，何が所与の命題を伴っているのかを見ること，そして，その際に，それが確定した真理値をもつかどうかを見つけることを要求するからである．その場合には，その命題は論理との適合性に関して，それがテストをパスしていることを予め前提することによって，テストが行われるだろう．第二に，確定的に真ないし偽である命題へと論理を制限するどのような制限も，論理法則のアプリオリな性格と衝突するだろう．なぜなら論理法則の適用可能性が，経験的探究の好ましい帰結に——つまり私たちが境界事例を扱うかどうかの決定に——依存することになるからである．

の数，大きさ，配置が与えられると，私たちは，その［小さな］塊に「山」を帰属させることと「山でない」を帰属させることのどちらに向かうこともできなくなる．それゆえに

(11) それは，確定的に山であるのではないし，確定的に山でないこともない

しかし，古典論理を仮定すると，

(12) それは，山であるか，山でない

それ故に，真理と偽のミニマリズムの説明の下では，私たちは次のように結論するかもしれない．

(13) 〈それは山である〉は確定的に真ではないし，確定的に偽でもない

しかし，

(14) 〈それは山である〉は真であるか，偽である

こうして私たちは，排中律や二値原理や真理のミニマリズムの概念を問題にすることなく，曖昧性の現象を取り込むことができる．

しかし，述語に関して，何がそれを曖昧にするのかを語ることが残っている．曖昧な述語の意味を構成する性質は，曖昧性の特徴である不確定性（indeterminacy）を説明するために，どのような性格を持たなければならないのだろうか．その不確定性とは，境界事例において，それが適用されるかどうかを知ろうとする際の意味論的に生じる不可能性のことである．私が提案する答えはこうである：述語「F」の曖昧性は，その使用を支配している基本的な規則がもつはっきりとした「ギャップのある（gappy）」性格にある．この規則をまったくラフに語るならば，次の形式をもつ．

(V) 「F」は基礎にある性質#をyより高い程度でもつ事物に適用される．そして，「Fでない」はnより低い程度で#をもつ事物に適用され，中間の程度で#をもつ事物には，どちらも適用されない

ここでは，yがnより大きいとする[7]．「F」がそのような基本的規則性によって運用されると，yとnの中間の程度で#をもつものへの「F」の適用も

適用の否定もどちらも好ましくない．私たちは，それ以上のどのような発見も助けにならないということに自信をもっている．曖昧性のこの説明は，排中律や二値原理から離れることを提案することなく，主な症状——すなわち，ある語が適用されるかどうかを特定の事例で決定することの直しようのない不可能性——を説明する．

曖昧性についての適正な理論は，悪名高いソリテス・パラドクスについても何か語らなければならない．

(Sor)　0 個の砂粒は山を作らない
n に関して，n 個の砂粒が山を作れないのなら，$n+1$ 個の砂粒も山を作れない．
それ故に，どんな n に関しても，n 個の砂粒は山を作れない．

これは，論争の余地のない前提と非の打ちどころのない推論にもとづいて，砂山が存在しないことを示すように見える．私たちが古典論理を諦めず，また，或るものは山であり，他のものはそうでない，という見方も諦めない限り，残る唯一の選択肢は，第二の前提を否定することである．私たちは喜んでこの選択を受入ることを学ばなければならないと思う．つまり，h 個の砂粒は山を作れないが，h+1 個の砂粒は山を作れるようなある未知の（確かに知り得ないのだが）数 h があることを受け入れなければならない．こうして「山である」という述語が——不確定な外延であるが——ある外延をもつことを受け入れている．本当は，原理的にさえ，私たちはその外延を発見できない．個別的には，小さく積もったものが山であるかどうかに関して，私達は実際のところを知る

---

(7)　曖昧な述語の基本的な使用規則は，(V) ほど単純ではない．というのは，(a) それらが通常は，その術語が適用できるかどうかに関してその値を確定する基礎にある数個のパラメータを含んでいるからであり，また (b) それらがより高階の不確定性（すなわち，「明らかに F」と「確定的に，確定的に F」等の間の境界もまた明らかでない）を生み出すからである．

現在の説明は，(第 6 章に素描された) 意味の使用理論の中に設定される．それに従えば，それぞれの語の使用のすべては，その使用のある基本的規則性によって説明され，その基本規則によって支配されることによって，語はそれが意味するものを意味する．この観点からの曖昧さについてのより詳しい議論については，ホーリッジ (Horwich, 1997b) を見よ．またティム・ウィリアムソン (Williamson, 1994) を見よ．彼も，曖昧さに関する文脈において，排中律と二値原理を残す．しかし，なぜ境界事例で知識が不可能になるのかについて，私のとは非常に異なる説明を提案している．

ことができない．なぜなら，先に見たように，そのような知識はまさに語の意味によって——それが曖昧であることによって——排除されているからである．しかしこのことは，なぜ奇妙なあるいはありそうにないと思われるのだろうか．この状況に居心地の悪さを感じさせるのは，検証主義の粘り強い魅力——つまり事実の存在は，事実の知の理解可能性を要求すると考える傾向——である(8)．

　私は，曖昧性とソリテス・パラドクスについての上記の扱いが実質的なメリットをもっており，それをミニマリズムの必然的ではあるが歓迎されない副産物と見るべきではないことを強調したい．第一に，ミニマリズムが私たちの解決法を決定しているというのは事実ではない．むしろ状況は次のとおりである．ミニマリズムは，曖昧性の問題が単純に真理の理論によって処理されるのではないということ——このことはミニマリズムとは独立に認められることであろうが——を予期するよう私たちに教える．一旦これが認められたならば，古典論理の放棄と検証主義の放棄の間に実質的な選択があることがわかる．私の気持ちは前者に味方しているが，それはミニマリズムとは別のことである．この［前者の］対応は，単純なうまく防御された排中原理と二値原理を保持することによって成功する．これは，曖昧性に関する建設的な分析を与え，パラドクスからの出口を提案し，なぜその出口が直観に反するように見えたのかを説明する．したがって，不確定性に対する私たちのアプローチは，ミニマリズムの単なる副産物ではなく，それ自体でかなりの説得力をもっている．

　ミニマリズムを拒否することは，これらの問題を扱う上で何の助けにもなら

---

(8)　曖昧な述語が境界事例で（不確定であるにもかかわらず）適用されるというアイデアの居心地の悪さのさらなる原因は，その自由に関して，それがなぜ適用されるのかについての説明があり得ないということである．しかし（私が *Meaning* で論証したように）そのような説明を期待することは間違いである．それぞれの語の意味はその使用によって構成されるが，しかし，所与の使用が，特殊な意味（そしてここでは外延）をもつ述語をどのようにして与えるかの説明は不要である．

　フランク・ジャクソンは関連する懸念を表明している．私たちが手にしているのが明らかに境界事例であるときに，「それは山である」と「それは山でない」という命題のペアの一方が事実であり，他方が事実でないということを支持することは，対称性に関する感覚（すなわち充足理由律）を侵すことになる，と彼は考える．私は対称性が求められていることを疑わないが，しかし，私たちは古典論理を捨てるよりは，むしろ世界が絶望的なほどに非対称的であることを受け入れるだろうと思われる．

ない．私たちが見たように，ここで提案されたことに対する唯一の本当の代替案は，古典論理の拒否である．しかし，その代替案が，真理に関する非-ミニマリズムの理論の採用によって，より容易になるということはない[9]．さらに言えば，意味論的原理

(E) 〈p〉が真である iff p

は，論理学とメタ論理学を結合するものであり，私たちが〈A〉も〈非A〉も真でないというテーゼと古典論理を結びつけることを防いでくれるものであるが，決してミニマリズムに特有なものではない．ほとんどすべての真理の理論が，それに同意するものである．したがって，ミニマリズムを受け入れることによって，不確定性の問題の簡単な解決が私たちから奪われていると言うことはもちろんできない．

最後に，曖昧性に関する表面的に異なるいくつかのアプローチが，現在の観点に部分的に一致するかもしれないのだが，その仕方はおそらく注目に値するだろう．例えば，ダメット（Dummett, 1978）に裏書きされたキット・ファイン（Kit Fine, 1975）のアイデア，すなわち，ある曖昧な表現を含んだ文が，曖昧な用語を精確なものにするすべての受け入れられた方法において，相対的に真である場合には，その文は絶対的に大文字の真（TRUE）である，とする

---

(9) 新しい論理学がどのようなものであるかは，明晰というにはほど遠い．パットナム（Putnam, 1983）は，直観主義論理を提案している．しかし，彼の「曖昧性論理」が，「不確定な真理」が不可能であるというアイデアによって動機づけられている限り，次の条件法
k は F である → k は確定的に F である
から，その対偶
k は，確定的に F ではない → k は F でない
への推論を放棄する必要があるだろう．さもなければ，k が明らかに境界事例である場合には，つまり，
k は確定的に F でなく，また確定的に F でないこともない
である場合には
k は F でなく，かつ，k は F でないこともない
という矛盾が導出されることになるだろう．こうして，「曖昧性論理」は，直観主義の観点からはまったく受け入れ可能な原理である対偶を諦めなければならない．さらに言えば「曖昧性論理」は，直観主義的には受け入れられない二重否定消去の原理，つまり
k は F でないことはない → k は F である
と争う理由は何もない．したがって，直観主義論理は，曖昧性についての論理学ではない．

アイデアを考察しよう．もし私たちが「大文字の真」が「確定的に真」を意味しているとするなら，このアイデアは，完全に首尾一貫したものになり，上記に示したミニマリズムの視点の素晴らしい仕上げになる．しかし，ファインやダメットがそう言いそうなように，もし大文字の真でないなら，何も真ではありえない，と考えられているのなら，その結果は悲惨なものになる．というのは，⟨A⟩も⟨非A⟩も真ではないと私たちは推論できるからである．これは矛盾を含んでいる．前者の解釈の方が明らかに望ましい．曖昧性を扱うためのもう一つの戦略では，無限に多くの大文字の真理値（TRUTH VALUES）を含むことができる．それは，0から1までのすべての実数をとる．このアイデアは，曖昧な述語「F」が境界事例nに適用されるとき，結果として生じる大文字の真理値は，0と1の間の中間のどこかにある，というものである．つまり，条件法「$F(n) \to F(n+1)$」は，1より小さい大文字の真理値をもち，私たちが「$(n)[F(n) \to F(n+1)]$」に到達するとき，連言の数が増加するほどに，多数のそのような命題の連言の大文字の真理値は次第に減少し，0に到達するというものである．前述のように，これらのアイデアは，ミニマリズムの観点と調和するだろう．そのためには，「大文字の真理値＝1」を「確定的真理」と同一視し，「大文字の真理値＝0」を「確定的偽」と同一視し，そして（おそらくは）「⟨p⟩の大文字の真理値＝x」を「⟨p⟩の確率がxである」のようなものと同一視することで十分である．新しい大文字の真理値1と0が真と偽と同一視される時のみ，困難が生じる．しかし，このステップは抵抗できないし，抵抗されるべきでもない．曖昧性のパラドクスを消去するためには，次のことを認めることで十分である．第一に，確定性の観念が曖昧性の本性を明確に述べることに関わっていること，第二に，この観念が，論理学と意味論の確立した法則のどれを変更することも不要にし，ソリテスの主たる［第2の］前提の間違いを，平然として受け入れることを可能にするということである．

問題29　評価的な発話が真理の主張を目的とするかどうか，あるいは，単なる感情の表現であるのかどうか，についてはメタ倫理学における重要な問題がある．しかし，この問題は，ミニマリズムによって瑣末なものになるだろう．

　倫理的情緒主義者（これは「非認知主義」と「表出主義」としても知られている）には，「真正の記述」を，構文的には類似しているがその言語的役割はお

そらく間違いなく非記述的である文から区別するために，真理条件を使用しようとする傾向があった．この実践は確かにミニマリズムの視点とは食い違っている．ミニマリズムの視点からすると，(1) 倫理的表明（pronouncements）は，(私たちが次の章で見るように) 真正の命題を表現する．というのは，その表明は「that 節」（例えば「誠実は善い」）を作るからである．この「that 節」は，主張，信念などの対象を表示するために，通常の仕方で機能する．(2) 倫理的命題は，同値図式の完全に良い有用な事例——つまりそのような命題をカバーする一般化を形成するために必要とされる事例——を提供する

しかし，ここでの教訓は，ミニマリズムと情緒主義が両立不可能であるということでなく，情緒主義は再定式化されるべきであるということである．なぜなら，ミニマリストが情緒主義の中心的な洞察を受け入れることになるかもしれないからである．その洞察とは，ある倫理的主張の主張可能性条件と機能は，経験的記述のそれとは根本的に異なっているということ，またその違いの理解は，倫理的事実の観念をめぐる哲学的問題を解決するのに役立つ，ということである．私が重要だと思うのは，この立場が，ミニマリズムによって必要とされるとか，この立場が正しいということでなく，情緒主義は，真理に関するミニマリズムの概念を排除するような仕方で，定式化される必要はないし，定式化されるべきでもない，ということである．むしろ情緒主義は，倫理的諸命題のユニークな性格についての見解として明確にされるべきだ．さらに限定して言うと，情緒主義者は，非常にラフに言うと，「X は善い」の意味は，ひとが X を欲する時そしてその時にのみ，そのひとによって主張されるという事実にある（「X が善い」は「私は X を欲する」を意味するというのではない）ということを主張することによって，倫理的命題の本性を特徴付けようとするかもしれない．この種の説明は（適切に洗練されると），倫理に関するいくつかの認識論的問題を解決でき，ある倫理的信念がなぜ動機付けの力をもつことができるのかを説明できる資格をもつ．したがって，情緒主義の本質的性格は，倫理的命題，信念，主張などの存在を問わなくても，またそれらが通常の論理的かつ形而上学的原理を充足することを否定しなくても，捉えられるかもしれない[10]．

---

(10) 情緒主義の定式化においてミニマリズムを保持することは，私の論文（Horwich, 1993, 1994），ジャクソンとオピーとスミス（Jackson, Oppy, and Smith, 1994）において議論されている．

第6章　命題と発話

問題30　命題は，非常に疑わしい存在である．命題がどのようなものと考えられるべきであるかは明瞭でなく，命題の存在そのものに論争がある．それゆえに，命題を前提しない真理の理論を開発するほうが良いかもしれない．例えば，発話が真理の第一の担い手であると想定することによって，そうするのがよいかもしれない．

　命題の擁護者によれば，ひとが，信念や欲求や希望やあるいは何らかのいわゆる命題的態度をもつときにはつねに，彼の心の状態は，彼と特殊な存在者——すなわち事実であることが信じられたり欲求されたり，あるいは希望されるなどするもの——との間に，ある関係が存在することにおいて成立している．こうして，もしオスカーが犬が嚙むと信じるならば，このことは，オスカーと特定の命題すなわち犬が嚙むとの間に信じるという関係が成立するおかげで，そうだと主張されている．
　この理論の重要な長所は，この理論が，信念帰属やそれに類するもの［欲求帰属など］の論理的性質についての適切な説明やそれに似たものを提供するように見えるということである．私たちは，

　　(1)　オスカーは犬が嚙むことを信じている

から

　　(2)　オスカーが信じていることがある

を推論し，

　　(3)　オスカーは，雨が降るだろう，ということを疑っている

と

95

(4) バーナビーは，雨が降るだろう，と言っている

から

(5) オスカーは，バーナビーが言っていることを疑っている

を推論する．このような推論は，見慣れた論理規則のもとに包含されるのかもしれない．その論理規則は，

(6) バーナビーが言っていること

や

(7) 雨が降るだろうということ

などのはっきりとした単称名辞は，命題と呼ばれるある種の対象を指示している，と額面どおりに理解しているということである．

しかし，このような証拠は決定的なものと見られるべきでない，と反論されるかもしれない．結局のところ，構文は，意味の構造についての信頼できる手引きではない．確かに，この本の中心的な関心のひとつ——真理述語がある性質を表すのか表さないのか——は，このよく知られた事実から引き出される．論争の余地がより少ない例が沢山ある：例えば「ジョーンズのため」，「平均的なひと」，「スミスの外見」．これらの事例の中の最後のものは，特に現在の案件に近い．ある事物の間には類似性の関係があるが，この関係は推移的ではない．AはBに似ており，BはCに似ているが，しかし，AはCには似ていないかもしれないからである．推移性のこの間違いを仮定すると，現れという存在者からなる領域があり，すべての対象は，それが似ているすべての対象と共有する現れを厳密に一つ持っている，と想定することはできない．なぜなら，この想定は推移性を含意するからである〔訳注1〕．したがって，私たちはある諸事物が同じ現れをもつと語ることによって，類似性があるという主張を表現するのだが，そのような主張の論理的性質をより詳しく精査すると，その構造は，その構文の形式から最も自然に与えられるように見えるものではありえないこ

〔訳注1〕もし対象Aが対象Bと似ており，対象BはCと似ているとしよう．このときBはAともCとも似ているのだから，この仮定によって，AとBとCは共通の現れxを持つことになる．したがって，類似性は推移的であることになる．

とがわかる．すなわち，

(8) $(\exists x)(x$ が A の現れであり，かつ，x が B の現れである$)$

というものではないことが解る．同様に，「オスカーが信じていること」という普通の語り方は，特殊な存在を指示するものとして額面どおりに解釈できるとは認められない[1]．

　この問題を明らかにするために，しばらく命題のケースから離れて，より一般的になぜ論理形式を私たちがしているような仕方で用いるのかを考えよう．ある言語における文の論理形式はそれらの意味に関するアスペクトであり，これは文の間になりたつ演繹的伴立関係を決定する．ある範囲の現象と関係することによって特徴づけられる一群の文を想像しよう．これらの文の間にある演繹的伴立関係の探究を積み重ねたと想定しよう．その探究の結果は，いくつかの文が明らかにあるタイプの存在者——それらを「Ks」と呼ぼう——の存在を伴立する，という含意をもつ論理形式の帰属を示すと想定しよう．最後に，私たちは，それらの文の幾つかが真理を表現している，と信じていると想定しよう．これらを合わせると，これらの考察は，タイプ K のものが存在すると考えるための根拠を提供するだろう．しかし，これらの理由はどれほど強力だろうか．それらに抵抗し，上記のような証拠にもかかわらず，実際には K のような存在者が存在しないと主張することは，もし可能だとすると，どんな情況のもとで正しいのだろうか．

　もちろん，この抵抗を正当化する一つの方法は，論理形式の割り当てが不満足なものであることを発見することである．私たちの推論実践についてのより完全な表象を与え，かつ，Ks へのコミットメントを含まないような別の抵抗をする方法を見つけたと想定しよう．その場合には，Ks を信じる優先的な根拠は，完全に崩れているだろう．

---

(1) この疑いの特殊な根拠は，（ラフにいうと，相互翻訳可能性と使用の類似性を同一視することによって）翻訳が類似性の観念と結びつき，推移性に感染している，という可能性にある．もしこの疑いが事実だとすると，＜すべての平叙文の発話が，それと相互に翻訳可能である他のすべての発話と共有している厳密に一つの存在者［命題］と結合している＞というような存在者［命題］の領域があると想定することはできない．このようにして命題の存在が問題に付される．この問題は，問題 33［原著では 32 となっているが，33 のまちがいであることを著者に確認した］への回答の中で直接に論じた．

抵抗の別の可能な源泉は，Ks が存在しないと結論するための非哲学的論証を発見することであろう．これらの論証を「非哲学的」と呼ぶときに私が考えていることは，その論証が，問題の言明が属している領域の内部から出てくるだろう，ということである．例えば，エーテルは存在しない，という物理学内部の論証，あるいはネス湖の怪獣に反対する動物学内部の論証を考えよう．これらは，［それぞれの領域の］元の言明群を支配している正当化の同じ基準に照らして，評価される．もしそれらが受容可能であると判断されるなら，その結果は，私たちの科学的信念の見直しになる．しかし，私たちがそれらに帰属させる論理形式に関しては，どんな変化も求められていない．

最後に，もっとも哲学的に興味深いケースは，一般的な哲学的な考察が，K の要請へと向かわないことを動機づける場合である．例えば，物質的な対象のみが存在するが，K は物質的でないとか，あるいは，純然たる存在論的倹約が，もし可能であるなら，私たちに K なしで済ますことを要求するとか，あるいは，もし K の本性を前提すると，それについての知識は他の魅力的な認識論的理論では扱えないとか，あるいは，もし K が実際に存在するのならば，答えを期待できるはずの「K とは何か」「K_1 が K_2 と同じであるのはいつか」「K はどこにあるのか」のような基本的な問いに，私たちは答えることができないだろう，とか議論するかもしれない．

このような［K の存在を否定する］議論に対する三つのタイプの反応がある．

(a) それを誤謬だと見なし，これがどのようにしてそうなのかの説明を進めるかもしれない

(b) それが説得的であるとみなし，K が存在しないことを受け入れ，私たちが信じていたことの一定部分が間違いであると結論するかもしれない

(c) 以前の科学的な信念を保存して，K が存在しないという結論を受け入れることができように，K へのコミットメントを含む論理形式の説明を棄て，K へのコミットメントを含まないもので置き換るかもしれない

これらの代替案については，選択肢 (a) がベストであることは明らかである．なぜなら (a) が拒否することを求めている論証は非常に弱いからである．それらはしばしば，次の種類の厚かましい過度の一般化を含む．第一に，物質的対象を，存在するものの模範事例と見なす．第二に，そのような対象のある目立つ性質を，同定する．第三に，それらの性質をもつ存在者だけが存在する

と推論する．第四に，Kはそのような性質をもたないことに注意する．最後に，Kは存在し得ないという結論を引き出す．最初の前提の中に問題の全体を求めるような議論を拒否しても，大きな概念的な緊張が生じないことは明らかである．しかし他の選択肢は，いくつかの非常に望ましくない特性を示す．選択肢 (b) は，私たちが現在確かに真であるとみなしているあるもの[命題の存在]を否定しはじめなければならないことを含意している．選択肢 (c) は，正確な論理形式は推論実践についての完全に適切な説明を与えない，という考えを含んでいる．私たちは，信念をはっきりと述べるある方法を拒否できる．なぜならその方法は，好ましくないと思われる帰結をもつからである．たとえ，その方法が，よい論理的分節化のための確立した基準と正確に一致するとしてもである．

　これらの一般的結論が，命題のケースにどのように適用されるかを見るのは簡単だ．第一に，私たちは，信念帰属の論理的形式（そして他のいわゆる命題的態度の言明）の適切な説明が，信念の対象となる that 節が単称名辞であるという想定を含むことを想定できる．こうして「オスカーは犬が噛むと信じている」から「オスカーは何かを信じている」へ推論できる．このことは，存在汎化の規則へと吸収される．第二に，ある命題的態度の言明は確かに真であると，私たちは想定するだろう．例えば，アインシュタインは，物質がエネルギーの一形式であると主張したということは，確かに真である．第三に，私たちは，これらの想定は，アインシュタインが主張したこと，あるいは他の言葉で言うと，物質がエネルギーの一形式だという命題，という存在者があることを伴立していると理解する．第四に，この存在者がどこにあるのか，あるいは，この存在者が何からできているのか，を語る能力がないということによって困ることはない．同様に，命題が私たちと因果関係に入ることはなく，私たちが命題について何かを知っていることが「知識の因果説」を侵犯することになるということもない．というのは，この理論[知識の因果説]は，上述のような明白な循環論証となる過度の一般化から——この場合には，物理的対象が知られているのと同じ仕方ですべてのものが知られている，という正当化されていない前提から——第一印象となるもっともらしさのすべてを導出するからである．

　私は次のように結論する．命題の存在のための説得力のある論証は，「命題は，信念帰属の論理形式，そしてよく似た構文の適切な説明を共有している」という前提の上に立てられるかもしれない．さらに，この要求された前提は正

しいようにみえる．それゆえ，［命題の存在の］奇妙さにもかかわらず，私たちは，命題に尻込みすべきではないし，真理の理論の中でそれを使用することに反対すべきでない．

問題31　命題に関するケースは，信念についてのある論理分析——それは信念状態を，ある種の存在つまり信念内容とひととの間の関係として解釈する分析——の適切性を前提している．しかしこの前提は，よく知られた困難を伴っており，誤解されているように見える．

　ここで主として指摘されている困難に関しては，命題の本性に関する論争——フレーゲとラッセルにまで戻る論争——を扱わなければならない．ラッセル（Russell, 1903）は，命題がそれが語る当の対象から構成されると主張した．例えば

　　(9)　ヘ・ス・ペ・ラ・ス・が・見・え・る・，という命題

は，対象ヘスペラスと，見・え・る・という性質からできている．「ヘスペラス」と「フォスフォラス」は，同じ惑星についての二つの名前であることが明らかになったので，その場合，もしラッセルが正しいなら，

　　(10)　フ・ォ・ス・フ・ォ・ラ・ス・が・見・え・る・，という命題

は，(9) と同じ命題である．しかし，その場合には，誰かが——いわゆる言・表・に・関・し・て・（de dicto）——ヘスペラスが見えることに気づくが，フォスフォラスが見えることには気づかない，という事実を私たちはどのように説明するのだろうか．フレーゲ（Frege, 1892）は，すでにこの問題を提起していた．そして，文によって表現された命題（彼が「思想」と呼んだもの）が，それを構成する語の指示対象よりも，むしろ意・義・（senses）によって合成されていると主張する事によって答えていた．したがって (9) と (10) は互いに異なるものである．しかしもしラッセルが正しかったのなら，そのときにはいわゆる事・象・に・関・す・る・（de re）信念が問題になっている．というのは，もしあるひとが，フォスフォラスに関して，その意味で［事象に関して］，それが見えると信じているなら，フォスフォラスとヘスペラスの同一性を前提すると，彼はヘスペラスに付いてもその信念をもっていることが帰結するからである．

これらの問題を扱う一つの方法は，フレーゲ的命題とラッセル的命題の両方の存在を認めることである．前者は，言表に関する信念を対象にしており，後者は，事象に関する信念を対象にしている．このアイデアは，すべての命題がある合成的構造（例えば，$\$(x), @(x,y), (x)(\exists y)(\$(x) \to @(x,y))$, etc.）をもっており，その構造の中の単項の各々の位置は，フレーゲ的な意義か，あるいはその意義の対象によって満たされている．こうして，合成的構造が意義だけによって満たされる純粋なフレーゲ的な抽象的命題があり，また，合成構造の中の各単項の位置が指示対象によってのみ満たされる純粋なラッセル的な具体的命題がある．そして，単項の位置のいくつかが意義によって満たされ，他の位置は対象で満たされる混合命題がある．例えば，次の文

(11)　ヘスペラスは，フォスフォラスと同一である

に対応して，「と同一である」「ヘスペラス」「フォスフォラス」の意義が，この順序で，構造「$@(x,y)$」のなかに埋め込まれて構成される抽象的命題がある．また「ヘスペラス」と「フォスフォラス」の指示対象と同一性の性質が，その構造に中に埋め込まれて構成される具体的命題がある．また，二つの異なる混合命題がある．それ故に，

(12)　ラファエルはヘスペラスがフォスフォラスであると信じる

は，四つの読み方──つまりラファエルが命題に関係していると語るときに考えられる可能な四つの命題の各々に対して一つの読み方──をもつ[2]．曖昧性の除去は，意義よりも指示対象を意図している命題構成要素すべてに関して，修飾語句（日本語では）「xについて」の使用によって達成される．こうして，もしひとが

(13)　ラファエルは，ヘスペラスについて，それがフォスフォラスであると信じている

---

[2] 私は (a) 単称名辞の指示対象だけが，事象に関する信念が対象とするものでありうること，(b) F-性に関するラッセル的性質は「F」についてのフレーゲ的意義と同じものであること，を前提している．このアプローチの詳細──自己自身に関する (*de se*) 態度と，文脈感受性から生じる混乱に関する議論を含む詳細──に関しては，私の *Meaning* (1998) 第3章を参照せよ．

というなら，信念の対象は，「@(x,y)」の中の「x」－位置が対象ヘスペラスで満たされ，他の位置は意義で満たされている混合命題である．もしひとが信念をそのような制限なしに帰属させるなら，伝達されるのは，言表に関する信念――その対象が純粋に抽象的な命題である信念――である．

　さらに，あるものについて，言表に関する信念をもつためには，その物について考える特殊な方法を心の中にもつことが必要である．つまり，「物が何であるかを知ること」を構成するために十分に詳細な方法をもつ必要がある[(3)]．それゆえに，言表に関する信念と事象に関する信念の間に，ある関係が存在する．あるひとが，まったく抽象的であるのではない命題を信じるためには（つまり彼が事象に関する信念をもつためには），二つのことが要求される．第一に，あるまったく抽象的な命題を信じなければならない．その命題から，いくつかの意義を指示対象で置き換えることによって，他の命題が引き出される．第二に，これらの指示対象についての信念者の概念把握が，彼に，「それが何であるかを知る」資格を与える．正直なところ，第二の条件は曖昧で文脈依存的である．しかし，これはまったく相応しいことである．なぜなら事象に関する信念が適切に帰属される状況の集合が，曖昧で文脈依存的だからである．

　それゆえに，信念帰属の最も素直な解釈だと思われるものの中にある明白な困難が，克服されるかもしれない．たしかに，信念は人と命題の間の関係として分析されるべきである．こうして信念帰属についての実践は，私たちを命題の存在にコミットさせる．

問題32 「命題 p が真である iff p」が，真理の概念を捉えていると考えられるかもしれないのは，真理が命題の観念の中に予め前提されていない場合のみである．しかし，この要求は間違いである．なぜなら，命題の観念の中心的な構成要素は，命題の同一性条件，つまり二つの発話が同じ命題を表現するための条件，の言明の中におかれているからである．しかし，これは，ひとが発話の相互翻訳可能性という用語でもっともらしく説明するアイデアである．次に，相互翻訳可能性は，同じ真理条件をもつこととして解釈されるに違いない．そして，真理の概念が，命題が何であるかを語る必要があるなら，真理の理論は，

---

(3)　事象に関する信念のためのこの種の要件についてはヒンティッカ（Hintikka, 1962），カプラン（Kaplan, 1969）とクワイン（Quine, 1977）を参照せよ．

命題を前提することができない．

　この問題を完全に論じることは，この本の範囲を超えるだろう．しかし私は次のことに同意する．つまり，命題の概念をもつことは，次の形式の相互翻訳可能性（解釈）の主張を理解できることを前提する，ということである．

　(14)　u は，私の現在の発話「p」と同じ命題を表現する

この形式は，もし

　(15)　私の現在の発話「p」は，命題 p を表現する

を認めるならば，

　(16)　u は命題 p を表現する

を生み出す．それゆえに，私が依拠している翻訳の観念について何かを語ることが私の義務である．少なくとも，循環の疑いを鎮めるのに十分なことを語ることが義務である．

　私が訴えたい意味と翻訳の一般概念は，いわゆる「使用理論」である．それはウィトゲンシュタイン (Wittgenstein, 1953)，セラーズ (Sellars, 1954)，クワイン (Quine, 1960)，ハーマン (Harman, 1982, 1987)，ピーコック (Peacocke, 1986, 1992) および他の多くの者たちが，いろいろな形式で述べている．大雑把に言うと，二つの言語の語の間の正しい翻訳は，使用の基本パターンを保存する写像関係である．そこでは用法は，適用の状況，主張可能性条件，文を含む推論役割などに関連して，非意味論的に特徴付けられる．「基本パターン」と考えられるものが，（他の要素と結合して），用法全体を最も適切に説明する規則性である．例えば，英語の語「赤」の基本使用は，おそらく，それが観察において赤いものに適用され，観察において赤くないものに適用されないことである．語「そして」を支配する基本使用の規則性は，おそらく，私たちが，「p と q」を「p」と「q」から推論し，また逆方向に推論する，という傾向をもつことである．「真」の基本使用は，先に見たように，私たちが「命題 p が真であるのは，p のときそのときにかぎる」の事例を受け入れる傾向があ

るということである⁽⁴⁾．

　こうして翻訳の概念は，ミニマリズムによって要求されるように，まったく非-真理理論の用語で，解明されるかもしれない．しかし，命題の同一性の説明のためには，これではまったく不十分である．というのは，私の現在の発話のうちどれが，発話 u と同じ命題を表現しているのかを決定するためには，u を日本語に翻訳するだけでなく，u と私の発話が作りだされる文脈の間の違いをも考慮しなければならないからである．例えば，ピエールが昨日の正午に発話する 'J'ai faim' は，私が今日「ピエールは昨日の正午に空腹だった」と語ることと同じ命題を表現する．これは，'J'ai faim' が「私は空腹だ」に訳されるという事実のためである．その際，諸規則の一定の集合に頼ることによって，文脈の変化に適応する．

　　「私」は語「a」になる，a は話し手である．
　　「今」は，語「t」になる．t は発話の時刻である．
　　「ここ」は語「l」になる．l は発話の場所である．
　　「F」は語「d」になる．d は，話し手が関心を向けている F である．
　　　…など．

　文脈への調整の諸規則は，真理の概念を含まないことに注意してほしい．さらに上述のように，命題的同一性――すなわち翻訳――の主たる決定条件は，「使用の同一性」という用語で解明される．そこでは「使用」は真理に言及し

---

(4)　意味の使用理論の完全な表現と擁護に関しては，私の *Meaning* (1998) を見よ．この説明は，フィールド (Field, 1977)，ブロック (Block, 1986) によって分析された「概念役割意味論」と少し似ている．しかしそれらとの重要な差異は次のとおりである．彼らの見方に従うならば，語の意味は，その内在的役割と同一視される．それに対して，私が理解しているような使用理論によれば，語の意味は外の世界に対する関係における使用を含んでいる．
　ある観点からすると，使用に関するどの規則が説明上基礎的なものであるのかは，客観的には不明確であるかも知れない．しかし，このことは，命題について懸念されているほどには，重大なことではない．というのは，もし二つの発話が相互翻訳可能であるかどうかという問題に関して決定的な事実が存在しないならば，それらが同じ命題を表現しているかどうかという問題に関しても決定的な事実は存在しないからである．しかし，問題28の回答の中で見たように，そのような事実は不確定であるかもしれないが，それにもかかわらず存在する．不確定性は，私たちの概念図式――物質的対象，人，社会，種，その他何であれ，私たちがそれらについて語っているのかどうか――を通して，見つかる．したがって，命題の領域における ［不確定性の］ 存在は，懐疑的な懸念の原因とはならないだろう．

ない用語で特徴づけられる．結果として，命題は，真理の観念を介して把握されていない．したがって私たちは，この観念がまったく同値原理によって捉えられると想定してもよい[5]．

問題33　しかし，意味の「使用説」は，命題が存在しないことを含意している．なぜなら，もし翻訳が使用における類似性の問題であるなら，それは推移的な関係ではなく，したがって「相互翻訳可能な発話が共通にもつているもの」のようなものは存在しえないからである．(Harman, 1973)

　もう少し注意深く定式化するならば，命題に反対するこの議論は，次の三つの原理の比較によって進展する．
　(A)　二つの発話は，それらが相互に翻訳可能である場合には，同じ命題を表現する
　(B)　発話は，類似した使用をもつ対応する構成素をもつときに，相互翻訳可能である
　(C)　xの使用がyの使用に似ており，yの使用がzの使用に似ているが，しかし，xの使用とzの使用は互に似ていない，というような語，x, y, zが存在する

　これらの原理は，互いに不整合である．(C)において表現された類似性の非推移性は，(B)において表現された翻訳に関する使用理論と結合すると，翻訳の非推移性を伴う．しかし，このことを，相互に翻訳可能な発話が同じ命題を表現すると語る(A)と結合することによって，私たちは，uとvが同じ命題を表現しており，vとwが同じ命題を表現しているが，しかしuとwは同じ命題を表現していないという可能性を推論することができる——これは，馬鹿げている．こうして，類似性の関係が推移的であると考えるとすると，((B)において示されているような）翻訳の理論は，命題の同一性条件と両立しないことを伴う．それゆえに，命題は存在しない．
　［この論証に対する］私の応答は，前提(B)を変えることである．意味の

---

(5)　この点——特に，文を理解することと真理条件を知ることの関係——に関するこれ以上の議論については，問題21への回答を見よ．

使用理論は，確かに正しい．しかし，この論証は，前提（B）が意味の使用理論の間違った理解を与えることを示している．その代わりに語るべきことは，二つの語は同̇じ̇基̇本̇使̇用̇をもつときにのみ相互翻訳可能であり，単に類似した使用をもつ時ではない．しかし，次のことを認めなければならない．言語行動の観察可能な事実は，同一性関係が存在することへの唯一の可能な手がかりを与えるが，同一性を客観的に設定するには常に十分であるわけではない．なぜなら，使用において求められている基本的規則性に関連して，ある語の運用全体を説明する同じように適切な他の方法があるかもしれないからである．その場合，使用のこれらのパターンのうちのどれが実際に基本的であるのかは，不確定であるかもしれない．その結果，二つの語が同じ基本的な使用パターンと一致するのかどうか，不確定であるかもしれない．こうして，使用が同じであることに基づいた相互翻訳可能性の主張は，つねに確定的であるわけではない．ふたりの人が，同様に適切な理由で，異なる主張をするかもしれない．この問題を解決する方法はない．したがって，翻訳（あるいは「同じ使用」）と観察された言語行動の間の関係は，ハゲと髪の量の間の関係，あるいは貧しさと総資産の間の関係のようなものである．それぞれにおいて，前者の観念を帰属できるかどうかは，後者の情報にのみ基づくことができる．しかし，しばしばある程度の不確定性が生じる――つまり，前者の概念を適用する正確な条件に関して，意味論的に生じる治癒不能な無知が生じる．それにも関わらず，問題の事実は存在する．どちらであるかを語ることは不可能であるかもしれないが，二つの語が適切に相互翻訳可能̇で̇あ̇る̇のか，そうでないのかのどちらかである[6]．

　私は，翻訳が非推移的であることを示すために考案された論証――命題の存在を掘り崩すであろう結論――を反駁しようとしてきた．しかし，この反駁は，翻訳が推移的であると証明するのではない．翻訳の推移性を示す一つの方法は，もちろん，それを命題の存在から引き出すことである．しかし，もしひとが，翻訳が非推移的であるかもしれないというまさにその理由で，命題［の存在］について神経質になっているのなら，［命題の存在から翻訳の推移性を示すという］この戦略はよくない．［命題の存在の］再保証を提供するもう一つの考え方は，次のものである．

---

(6) 曖昧性と不確定性がミニマリズムの観点からどのように扱われるかの議論については，問題28への回答を見よ．

命題的態度の構成の存在において隠れているのは，ひとがある所与の態度を受容しているということである．その際，彼がそれをどのような自然言語で表現するかは問題ではない．私たちは，フロレンスが私たちの言語を使えるということを，

(17)　フロレンスは，雪が白いと信じる

が真理であるための必要条件とは見なさない．さらにいえば，私たちは，フロレンスが信じていることに関するこの事実が，それが事実であるとして，私たちがその事実を述べることに依存しているとか，あるいは，私たちがとった特殊な方法——すなわち日本語——でそれを述べることができるということに依存しているとか，考えない．フロレンスのその同じ命題的態度は，他の言語でも同じようにうまく記述されるかもしれない．例えば

(17-f)　Florence croit que la neige est blanche.

　しかし，命題的態度帰属のこの種の翻訳可能性は，翻訳が推移的であることを含意している．なぜなら，フロレンスが，それの日本語への翻訳が

(18)　雪は白い

であるような語を第三の言語で主張し，それに基づいて日本語話者が (17) を主張するとしよう．もし，翻訳が非推移的であるならば，そのときには，

(18-f)　La neige est blanche

は，保証されない．それはフロレンスの言葉[第三の言語]の日本語への翻訳のフランス語への翻訳であり，フロレンスの言葉のフランス語への翻訳である．そこには (17-f) が (17) と同じ命題的態度を述べようとしていることを保証するものはない．したがって，私たちの命題的態度の帰属が通常の仕方で翻訳可能であるという想定は，翻訳が推移的であることを前提している．

　より形式的にいうと，u と A が異なる言語 $L(u)$ と $L(A)$ の特定の発話であるとしよう．A は，ある内容を文「v」によって u に帰属させる，としよう．発話 A は事実上，「v」は，言語 $L(u)$ の中で u が表現するものを，言語 $L(A)$ のなかで表現すると語る．あるいは，他の言葉でいうと，

第 6 章　命題と発話　　107

(I) A が真である iff u の $L(A)$ への翻訳が「v」である

さらに，私たちが，文「v」を，$L(A)$ の中で使用されるように——つまり，文「p」のように——翻訳するのだと想定しよう．そのとき私たちの観点からすると，A は次の言明

(B) u は，言明 p を表現する

を表現する．それゆに，A が真であるのは，u が言明 p を表現するとき，そのときに限る．他の言葉でいうと，

(II) A が真である iff u の私たちの翻訳が，$L(A)$ からの「v」の私たちの翻訳と同じものである

A の真理条件についての二つの言明である (I) と (II) の結合によって，それらの私達の言語への翻訳が同じものであるときに限って，私たちは，u と $L(A)$ における「v」が相互翻訳可能であると推論できる．それゆえに，翻訳は推移的である．翻訳は確かに，命題が相関しているかもしれない同値なクラスを定義できる．

問題 34 多くの哲学者は，もし命題が存在するならば，命題的真理は同値図式のようなものの対象となることに同意するだろう．しかし彼らは，発話の真理は「実在との対応」ないし他の実体的なものとの対応において成立する，と主張し続けるかもしれない．こうして発話に関しては，デフレ的な説明には論争の余地がある．この［デフレ的］立場は，まだ仕上げも擁護もされていない．(Field, 1986)

十分に公平に話をしよう．まずミニマリズムが発話の真理をどのように扱うのかを示したい．最初のデフレ的な動機は，

(D？) 文タイプ「p」のどの発話も真である iff p

と語ることである．しかし，このアイデアで困るのは，同じタイプ（例えば「私は空腹だ」「銀行はお金をもっている」「マリーの本はテーブルの上にある」）の異なる発話が，それらが生みだされる状況と，文タイプによって意味されて

いることに応じて，異なる真理値をもつことである．その結果,

(19)　「私は今空腹だ」のすべての発話が真である iff 私が今空腹である

が単純に偽であるということであり，他の事例についても同様である．
　この困難を避けるためには，引用解除原理の制限された形式を必要とする．その制限された形式においては，「p」が左辺で言及されるときに解釈される仕方と，「p」が右辺で使用されるときに解釈される仕方が同じである．他の言葉でいうと，私たちは次の図式

(D')　　$(u \in \ulcorner p \urcorner) \to (u が真である \leftrightarrow p)$

の事例を，もしそれらが——とりわけ双条件法の右辺が——，u そのものと同じ適当な文脈的変項に対して解釈されるならば承認する．他の言葉で言うと，引用解除図式の事例が成立するのは，それが，真理が問題となっている発話の文脈との関連で異なることのない文脈で主張されている場合である．
　この条件の充足を確実なものにすることを暗黙的に意図して，クワイン (Quine, 1970) は，引用解除図式の事例をいわゆる永久文に制限することを提案した．永久文とは，そのトークンが文脈感受性を示さない文である．というのもそれらは，指標詞，指示詞，曖昧な語のような要素を含まないからである．文脈感受的である発話に関して，クワインは，それらの発話の真理値を「同値な」永久文の真理値から引き出すことを提案した．例えば,

(20)　私は空腹だ

の特殊な事例は，永久文

(21)　アルバートアインシュタインは，1947年1月1日正午に空腹だ

と「同値」であるゆえに，真であるのかもしれない．しかし，この戦略には若干の困難がある．第一に，文脈感受性の問題は，実際には解決されない．なぜなら，語の同じ連なりはさまざまな言語に現れることがありうるので，そのために異なる機会に異なる真理値をもちうるからである．したがって厳密に言うなら永遠文は存在しない．さらにいうと，引用解除図式

(D+)　　「p」が L において真である iff p

のなかである言語への参照を挿入することによって処理しようとするや否や，その理論は不決定になる．なぜなら，ある発話が「言語 L において」あるということがどういうことかについて語られないかぎり，この図式は，真理の定義というより，むしろ「言語 L において真」という観念の定義になるだろうからである．しかし，もしある発話が「言語 L において」あるとはどういうことかに関する説明によって，この修正された図式を仕上げるなら，その理論は事実上，それが表現している命題の真理の用語で，発話の真理を説明するだろう．そして，その独特の引用解除的な性格は，失われるだろう[7]．第二に，たとえ私たちが「永久文」についてのクワインの言語-相対的な観念を認めるとしても，それが非永久文すべての事例の真理値に関する十分な基礎を提供するかどうかは解らない．曖昧さと文脈-感受性は，決して指標詞と指示詞に限らない．ほとんどの名前，述語，量化表現も，他の様々な方法で解釈されうる．その事例のすべてが同じ真理値をもつに違いない英語文を見つけることは容易ではない[8]．

　これらの理由のために，私はクワインのアプローチには従わない．私は，引用解除図式の事例が，それらが真理条件を特定する発話と同じ仕方で解釈されることを確認する別の方法を採用する．私の戦略は，ある種の括弧付きの名前を導入することである．これは，構文的形式（つまり，物理的特徴）だけに基づくのでなく，意味（あるいは，より特殊な場合には，表現された命題構成要素）にも基づいて，ある表現-タイプを取り出すように考案されている．こうして「*イヌ*」は，ある形とある意味をもつ語-タイプを取り出す．「*bank*」は，多義的である，なぜなら，それが指定しうる（同じ形だが異なる意味をもつ）二つの異なるタイプ［「土手」の意味と「銀行」の意味］があるからだ．同様に，「*私は空腹だ*」は，多義的であり，それが表現に使用されるかもしれない無数の異なる命題のそれぞれに関して，（話し手と発話の時間に基づきながら）別の表現-タイプを指定する．こうして私たちは，*付きの名前が適切に理解されていることを条件に，

---

(7) この点の有力な説明については，パットナム（Putnam, 1988）を見よ．
(8) この点は，ダン・スペルベル，ピエール・ジャコブ，フランソワ・レカナティによって教えられた．サール（Searle, 1978）とバーワイズとペリー（Barwise and Perry, 1983）を参照せよ．

(22)　($u \in$ *私は空腹だ*) → (u が真である iff 私は空腹だ)

を受け入れることができる．もし (22) の後件の中の構文形式「私は空腹だ」の事例が，前件の中で指定されたタイプの要素であるならば，この図式はそのとおりである．これは，同じ仕方で二つのトークンを理解することによって達成される．一般化すると，次の「p」の場所におかれるものに同一の解釈が与えられるときには，私たちは，

(D)　($u \in$ *p*) → (u が真である iff p)

のどのような事例も受け入れる傾向をもつ．

しかしこの図式は，発話に関する真理の概念を捉えるのにまったく不十分である．なぜならこれは，私たちが外国語の発話にどのようにして真理を帰属させるのか，一般的に言うと，そのタイプが私たち自身の現在の言説の中で事例化されていない発話（例えば，「私は空腹だ」のジョンの昨日の発話）にどのようにして真理を帰属させるのか，を特定していないからである．これらの事例をカバーするためには，私たち自身の現在の発話から他の「同値な」発話への真理帰属の「投射」を可能にする更なる原理を加える必要がある——そこでは，u と「p」が「同値」であるのは，「p」が u の正確な解釈（すなわち $\mathrm{Int}(u) \in$「p」）であるときである．その場合，問題32へ回答において議論したように，解釈は翻訳と文脈調整の問題である．こうして，私たちは

(23)　($\mathrm{Int}(u) = v$) → (u が真である iff v が真である)

を想定する．これは，引用解除図式 (D) と一緒になって，より一般的な図式

(DT)　($\mathrm{Int}(u) \in$ *p*) → (u が真である iff p)

を生み出す．発話に関する真理を把握することは，この図式の事例を受け入れる傾向性によって構成されている．さらに，これらの事例は，その性質［真理］のミニマルな理論の公理である．

発話に関するミニマルな理論は——さらに次の二つの原理を付け加えることによって——命題に関するミニマルな理論と等価である．一方の理論から他方の理論を導出するために必要な付属の想定とは，第一に，任意の発話 u がある所与の命題を表現するための条件の特定化，すなわち

(24)　u が命題 p を表現する ↔ Int$(u)\in {}^*p^*$

である．第二に，命題に関する真理と発話に関する真理の関係の特定化，すなわち

(25)　u が命題 p を表現する ↔ （u が真である ↔ 命題 p が真である）

である．これらの二つの図式的な想定は，

(26)　Int$(u)\in {}^*p^* \to$ （u が真である ↔ 命題 p が真である）

を伴立している．これは，命題に関する同値図式，すなわち

(E)　命題 p が真である iff p

を，発話に関する引用解除図式（DT）から導出することを許し，また（DT）を同値図式から導出することを許す．こうして，命題に関する真理の説明と，発話に関する真理の説明は，統一されており，同様にデフレ的である．

　さらに次のことを注意しよう．議論の進め方を少し変えることによって，信念，主張，ほのめかしに関する真理のミニマルな理論を導出できるようになる．発話と命題の間の関係を支配する付属原理の代わりに，発話と命題的態度に関係する類似の原理，すなわち，

(24*)　u は文 p を表現する ↔ Int$(u)\in {}^*p^*$

および

(25*)　u は文 p を表現する → （信念（主張，示唆，…）p は真である ↔ u が真である）

を引き出す．これらの原理は

(26)　Int$(u)\in {}^*p^* \to$ （u は真である ↔ 信念（等々）p は真である）

を含意する．そして，前に述べたように，u の解釈を前提すると，引用解除原理（DT）から

(EB)　信念（等々）p が真である iff p

へと容易に向かうことができる，あるいは逆方向に向かうことができる．

　通常の言語が示唆するのは，真理が命題の性質であるということである．そして，発話，信念，主張，などは，真理に似た (truth-like) 性質［理想的な条件下での正当化，事実との対応，検証，整合性など］を命題との関係から相続する．しかし，上記の導出は，物事を見るこの方法が，特別な説明上の長所をもたないことを示している．それぞれのタイプの存在者［信念，主張，示唆，など］のための真理に似た概念は，同様にミニマリズム的である．それらのうちのどれか一つを想定することによって，簡単に他のものを導出できる．

　目的が，私たちの真理の概念をただ理解することであり，よりよい概念を提案することでないのならば，私たちは［信念や問いや想定などの中から一つを］選択するのではなくて，真理が，私たちが信じたり，問うたり，想定したり，などしているものに本来的に帰属する属性であることを認めなければならないだろう．つまり，真理は，いわゆる命題的態度の対象に適用される．しかし，常識が受け入れているもの［命題の存在］——これはミニマリズムが全面的に受け入れるものでもある——に関する懐疑主義の有力な原因がいくつかある．それらに応答することが，この章での私の目的であった．第一に，多くの哲学者は，命題の存在を承認することに，ある嫌悪を感じている．それゆえ私は彼らのお気に入りのケース（それは信念帰属の論理的形式に基づいている）を概観した．そして，通常の反対論証（それは想定される奇妙さと，翻訳の求められる透明性を導出する）の土台を掘り崩そうとした．第二に，「命題」の概念が，真理の観念を前提すると考えられる傾向があり，その結果，ミニマリズム的な説明順序が，逆さまであるように見えるかもしれない．これに対して私は次のように応えた．私たちは，真理のアプリオリな把握を要求することのない使用という観点から，意味——それゆえに「命題」——の説明を採用するだろう．このアイデアは，すでに問題22への回答で言及されている．最後に，これらの論証によって説得されない人々のために，発話や信念状態に関する「真理」のミニマリズム理論を，命題へのコミットメントなしに与えうることを示した．

第7章 「対応」の直観

問題35 言明の真理ないし偽が，実在の外在的側面への関係から生じる，ということは明らかに明白なのではないか．

　このような感じは，いわゆる「真理の対応説」の背後にあるものである．そのような理論（Wittgenstein, 1922）にしたがえば，主張されている対応は，表象と事実の間にある．文ないし命題の真理は，それがどんな事実を「描く・」のであれ，その存在から派生すると言われる．これの代案としては，事実・と・いう存在論的カテゴリーが遠ざけられ，文ないし命題全体の真理が，その諸部分と様々な外在的対象の間の指示と充足の関係から直接に作られている理論（例えば Tarski, 1958; Davidson, 1969）がある．そこでは，その真理は，その構成素が対応する対象によって生み出される．

　確かにミニマリズムは，真理とは何かを，そのような仕方では説明しない．しかし，それは，真理が——ある・・意味で——事実に対応・・・することを否定しない．それは，言明がその真理を実在の本性に負っていることを認める．それは，真理と指示と述語充足の間の関係の存在について論争しない．こうして私たちはデフレ的立場から引き下がることなく，対応説論者たちが語ろうとする多くことを引き受けることを望むだろう．これがどのようになされうるかを見よう．

　命題ないし発話が真である時にはいつも，世界の中の何かがある仕方である——つまり命題ないし発話にとって典型的に外在的な何かがある——から・・，命題ないし発話が真である，ということは確かに否定出来ない．例えば，

　(1) 〈雪が白い〉が真であることは，雪が白いことによって説明・・される・・・

すなわち，

　(2) 〈雪が白い〉が真であるのは，雪が白いから・・・である

　しかし，これらの直観は完全にミニマリズムと整合的である．現象の間の説

明上の依存関係を綿密に写像する際に，私たちは，自然の基本的諸法則と宇宙の初期条件のようなものに，自然にまた適切に，究極的な説明上の優先性を認める．私たちは，これらの事実から，例えば，なぜ，

 （3）　雪は白い

のかを演繹し，説明しようとする．その場合に，ミニマルな理論を思い起こすことによってのみ，なぜ，

 （4）　〈雪は白い〉は真である

が成り立つのかを演繹し，説明する．それ故に，ミニマリズムの観点からすると，（3）は確かに説明上は（4）に優先する．したがって（1）と（2）に問題はない．こうして私たちは，真理は実在の要素によって真とされるというアイデアに完全に満足することができる．このアイデアはミニマルな理論から（さらにある事実を前提することによって）帰結することなので，このアイデアがミニマルな理論の明示的に述べられた部分となっている必要はない．

問題36　ミニマリズムの反対，すなわち，言明はそれが対応する事実の存在によって真となるということは，[ミニマリズムと]同じ程度に明確なのではないか．

 ちょうど上で認められていた説明関係，すなわち

 （2）　〈雪が白い〉が真であるのは，雪が白い・から・で・あ・る・

から，

 （5）　〈雪が白い〉が真であるのは，雪が白いという事実が存在する・から・で・あ・る・

を推論できるということは，まったく明らかではない．提案されている二つの説明，つまり

 （3）　雪が白い

と

(6) 雪が白いという事実が存在する

は，(深く関係しているが) 結局異なる事態を報告している．一方に基づいているが，他方には基づいていない，というものがあるかもしれない．

　さらに，(5)に反対する積極的な理由がある．最初に，ラッセル的命題，つまり対象と性質の配列を，考えてみよう⁽¹⁾．そのような命題とそれに対応する事実との間にそもそもどのようにして差異がありうるのかを見ることは，難しい．これらの存在者の各々は，正確に同じ対象と性質を正確に同じ配置で含むからである．こうして，ラッセル的事実は，ちょうど真なラッセル的命題である．他の言葉でいうと，ラッセル的命題は，真であるときには，事実と同一であり，単に事実に「似ている」のではない．雪が白いという命題の真理と，雪が白いという事実の存在の間には差異はない．その結果，これらの間には説明的関係がありえない．「対応」が同一性として解釈される限りでのみ，それらは互いに対応することができる⁽²⁾．

　フレーゲ的命題（これは，語の意義の配置である）にもどると，そこには二つの進むべき道がある．一つの選択肢は，命題が真であるときには，事実と同一であることを主張することである．このアイデアは，例えば，フォスフォラスはヘスペラスであるという事実が，フォスフォラスがフォスフォラスであるという事実と同一ではないという感じから来ているかもしれない．こうして私たちは，フレーゲ的事実とラッセル的事実の両方を容認するかもしれない．フレーゲ的事実をフレーゲ的命題から区別することが難しいのは，ラッセル的事実をラッセル的命題から区別することが難しかったのと同じである．私たちは，実質的な対応説の可能性を，再度排除するだろう．

　もう一つの選択肢として，ひとは，どのようなフレーゲ的命題も，——そして，おそらく文も同じ仕方で扱われるだろう——対応するラッセル的事実の存在によって真となる，と想定するかもしれない．これは実際には，ウィトゲンシュタイン（Wittgenstein, 1922）の「写像理論」である⁽³⁾．その大まかなア

---

(1) ラッセルとフレーゲの命題の区別に関する簡単な議論については，問題31への回答を見よ．
(2) 事実と真の命題の同一性はムーア（Moore, 1927）によって強く訴えられ，最近ジェニファー・ホーンズビー（Hornsby, 1997）によって擁護された．
(3) 次に述べるのは，ウィトゲンシュタインの謎めいた言葉を読解する一つの仕方である．問題38への回答で議論したタルスキ的アプローチが，おそらく間違いなくウィトゲンシュ

イデアは，文-トークン（あるいはフレーゲ的命題）が，ある論理形式で配置された要素からなるということである．文-トークンが然々であることは，その文と同じ論理形式で配置された諸要素の指示対象から構成されるラッセル的事実が実際に存在することを描いている．そのような事実があるなら，文は真であり，事実がないなら，偽である．より正確に定式化すると，その理論は，次のようなものに見えるだろう．

(PT) I. 項の列（あるいは意義）S は，存在物の列 O を指示する．S と O が同じ長さを持ち，S の n 番目が，O の n 番目を指示する．
II. 文（フレーゲ的命題）x は，ラッセル的命題 y に対応している ↔ S と O が存在し，
——x は S の要素から合成されている
——y は O の要素から合成されている
——x と y は，同じ論理形式をもつ
——S は O を指示する
III. y =ラッセル的命題 p → (y は事実である ↔ p)
IV. x は真である ↔ 次のようなラッセル的命題 y が存在する，すなわち
——x が y に対応し，
——y が事実である

これらの原理は非常にもっともらしくまた確かに注目に値するけれども，しかしそれらは，ミニマルな理論に対するよい代替案ではない．ミニマルな理論が魅力的に見えない唯一つの点は，その無限なリストのような特徴にある．セラーズ（Sellars, 1962）は，それを電話帳と比較する．正確には，この特徴は，写像理論の原理 III の中に残されている．この原理は，ラッセル的命題の各々に関して，それが事実としての資格をもつことになる状況を特定する原理である．問題 5 への回答の中で見たように，この図式を有限な公理の集合体にまとめることは望めない．付け加えていうと，指示の理論が，求められている．問題 5 への回答の中で見たように，この指示の理論が無限に多くの公理を要求するだろうと考えるべき理由がある．そして，私たちはまだ，文と命題が同じ論

タインが考えていたことに近い．

理形式をもつとはどういうことか，また命題が存在者のある列から合成されているとはどういうことか，に関する理論の必要性に言及していない［しかしこれも必要である］．したがって，もしミニマリズムを写像理論と交換するならば，まったく何の利益もないもののために，純粋性と単純性を犠牲にすることになるだろう．このことは，真理の写像理論は，その原理は正確であるかもしれないが，真理の基本的理論としての資格がある，と考えるべきではないことを意味している．

こうして私たちは，ミニマルな理論には欠けている方法論的長所をもつ真理の対応理論を見つけるのに失敗した．真理，事実，対応，という概念を関係付ける興味深くもっともらしい諸図式を定式化できるかもしれない．しかし，そのような図式原理の連言は，せいぜいのところ私たちの真理の理論の正当な拡張を生み出すものと見られるにすぎない．それは，魅力的な代替案を提供するものではない．

問題37　表象のあるケース（例えば，地図）は，明らかに，表象されているものに対する対応──構造的類似性──を含んでいる．言語的表象の中にもそのような関係を期待することは道理に適ったことではないのか．

おそらく，そうである．しかし，表象がどのようなタイプのものであれ，そのような構造的な類似性が，真理に関してとにかく構成的であることを示すことが残っている．ミニマリズムの見解は，そのような構造的な類似性はない，ということである．

地図（あるいは，いわゆる「実在論的」表象）と自然言語の文の間の違いは，地図の解釈が文の解釈より「自然的」である──あるいは他の言葉で言えば，「規約的」であることがより少ない──ということである．私がこれによって何を意味しているのかを説明させてほしい．地図の場合，互いにある関係に立つ対象（シンボル）の集合からなる表象は，それら対象の指示対象がちょうど同じ関係にあると語っているものとして解釈されると考えられる．例えば，

(7)　点yが点xと点zの間の直線上にあるという事実

は，

(8) $\dot{y}$ によって表象される (represented) 場所が，$\dot{x}$ と $\dot{z}$ によって表象される場所の間の直線上にあるという事実

を表現する．こうして「実在的で」「自然的で」「非-規約的な」表象の諸体系において特殊なことは，それらがそれら自身を指示する (refer) 構文的な特徴（例えば一つのものが二つのものの間の線上にあること）をもつことである．他の言葉でいうと，事実 (7) と事実 (8) は，単に論理形式を共有するだけでなく，ある写像的 (pictorial) 形式を共有する．すなわち，

(9) …は，…と…との間の直線上にあるということ

これは，写像的真理についての次の理論を示唆する．

(P) x が真の像 (picture) である ↔ x の像の諸要素の指示対象が，それらの要素によって例示された (exemplified) 当の関係を例示する

しかし，例示 (*exemplification*) と指示 (*reference*) についてのそこで必要とされる説明は，とても問題なしとは言えない．なぜなら，前者［例示の説明］は，次の図式

(Ex*) 対象の列 $\langle a_1, a_2, \cdots, a_n \rangle$ が関係 R-性を例示する iff $R(a_1, a_2, \cdots, a_n)$

を含んでいるからである．そして，像の可能な要素の数に限界がない限り，後者［指示の説明］は，無限に多数の公理を必要とするだろう．こうして提案された写像的真理の理論は，ミニマリズムとの比較において特に魅力的なわけではない．

代替となる戦略は，文に関する真理の理論と並行的な，写像的表象に関する真理の理論 (PT) を構成することだろう．原理 PT-II において，論理形式の代わりに写像形式について語ることが唯一の違いになるだろう．これは確かに可能であるけれども，その結果は，(PT) と同様に，ミニマルな理論と比較すると奇妙で不十分なものであることがわかるだろう．

写像的表象にとっても，最上の真理の理論は，ミニマルな理論である．これはもちろん，ミニマルな理論が写像に適用可能であることを想定している．このことを手短に確認しよう．問題 24 への回答で見たように，（命題に対立する

ものとしての）表現に関する真理の理論のミニマリズムの公理は，

(DT)　　$\text{Int}(u) \in {}^*p^* \to$ （u が真である iff p）

の事例である．それゆえに，地図

(M)　　A——B——C

と関係する公理-図式は，

(10)　　$\text{Int}(M) \in {}^*p^* \to$ M は真である iff p

しかし実際は M についての英語の解釈は，偶然にも文

(11)　　B は A と C の間にある

である．その結果

(12)　　M が真である iff B は A と C の間にある

こうして私たちは，言語的表象と写像的表象の間の差異と類似性を明確に述べ，どちらの場合にも真理のミニマルな理論を超えて行くべき理由がないことを示すことができる．

問題 38　ミニマルな理論は，文の真理が，その諸部分の指示的性質にどのように依存するのかを示すことに失敗する．

真理についてのもう一つの実質的な説明は，しばしば「対応説」の仕上げとみなされているものであるが，タルスキの刺激を受けた合成的アプローチである[4]．タルスキの理論は，文の真理がそれの構成要素の意味論的性質に関連して説明されるという写像理論に似ている．しかしそれは，論理的構造と事実

---

(4) タルスキ自身が彼の仕事についてのこの解釈を承認するかどうかは，不確かである．しかし，デイヴィドソン（Davidson, 1969）は，タルスキの仕事は，対応の直観の正当性を立証するものと見られるべきだと論じた．タルスキ自身の真理についての最初の理論（Tarski, 1958）は，名前を含む言語に対しては与えられていなかったし，真理を指示に還元しておらず，述語-充足にだけ還元していることを注意せよ．それにもかかわらず，次の点［合成的アプローチ］はタルスキの理論に適用される．

第 7 章　「対応」の直観　　121

へ明確に言及しない点において，写像理論とは異なる．非常に重要なことだが，それは，命題が事実であるときに，各命題に対してその特定を行う PT-III のような図式を必要としない．その代わりに，それは，言明の諸部分の指示対象から各言明の真理条件を導出することによって，非図式的な有限な理論を提供する．こうして，非常に単純化して大雑把に語るならば，私たちは次を手にする．

(TT)　u が言語 L において真である iff
　　(i)　u は形式「$\$(x)$」をもつ，かつ，＜$u$ の述語が x について L において真であり，u の主語が x を L において指示する＞ような対象 x が存在する

あるいは，(ii)　u は形式「$p \& q$」をもつ，かつ，u の各連言肢は L において真である

あるいは，(iii)　u は形式「$-p$」をもつ，かつ，u の中で否定されているものは真ではない

あるいは，(iv)　$u = \cdots$

これは，究極的には，真理の明示的な定義になりうる．

　タルスキ自身は，ある単純な言語 L に関して，述語「L において真」を定義できたことを示すことで満足していた．この述語の外延は，L の真理である．しかし，あるひと（例えば Davidson, 1969）はさらに進んで，英語のような自然言語に関しても，「L において真」は「L において指示する」や「L において充足する」の用語で定義されうることを示すことによって，真理の一般理論に到達することを望むのかもしれない．

　しかし，そのようなアプローチに対しては，基本的な反論が二つある．第一に，デイヴィドソンが告白するように，タルスキの戦略は，その論理形式が一階の論理で表現される文にのみ適用される．他の言葉で言うと，それは単に，その真理値が原子文の真理値によって決定されるような文にのみ適用される．しかし，すべての考えうる真理がそのような構造をもつと想定する理由はない．例えば，反事実的条件法，確率の主張，自然法則，様々な種類の様相主張を考えてみよう．これらの構成はすべて，述語論理の言語での形式化に抵抗する．タルスキの理論をそれらを対象とするように作れるということは，明らかなことではない．

第二に，私たちが問題5への回答で見たように，そのような真理の理論は，それが指示や充足の理論で補われることによってのみ十全になるだろう．これらの要求は，代入量化，ないし公理の定式化できない集合を要求する．それゆえ，どのような単純化も，真理を指示や充足へ還元することによっては達成されない．逆にミニマリズムの極端な概念的純粋さや単純性は何ものにも代えがたい．対応説のアプローチは，ミニマリズムのある目立つ欠点，つまりその無限のリストのような性格，すべての真理が共通にもつているものを語ることの失敗，についての修正を約束した．しかし，真理がそれへと還元されるいくつかの用語［指示や充足など］は，［真理と］同様に扱いにくいものである．そして，対応説の最初の約束は果たされていない．

　対応説が真理の基本性質を記述しているというアイデアを否定するとき，私たちは，真理，指示，充足が構成上相互依存していること否定する．しかし私たちはもちろん，これらの性質に関係する理論的な諸原理が正確でないこと示唆しようとしているのではない．むしろ，そのような諸原理は，説明の基礎として扱われるべきではなく，真理と指示と充足に関する別々の，単純でミニマルな諸理論の用語で説明されるべきである，と考えている．実際，これは非常に簡単にできる．例えば，

(13) 「pとq」は真である　iff「p」は真であり，かつ，「q」が真である

の事例を私たちが受け入れるべきであるということは，真理の基本理論の一部分ではない．むしろ，これは

(i) 「pとq」は真である iff p かつ q
(ii) 「p」は真である iff p
(iii) 「q」は真である iff q

から簡単に導出可能である．
　同様に，私たちは

(T/R) 「Fa」は真である　iff ($\exists x$)(「a」がxを指示する，かつ，「F」が
　　　xによって充足される)

のような原理を用いることで，指示と充足の用語で真理を定義するのではない．この図式は簡単に説明される．というのは，私たちは

(S') $(x)(x$ は「F」を充足する iff Fx)

と

(R') (x)('a' は x を指示する iff $a=x$)

をもっているからである.それ故に,(T/R)の右辺は,

(14) Fa

と同値である.これは,引用解除原理を前提すると,(T/R)の左辺

(15) 「Fa」は真である

と同値である.こうしてミニマルな理論は,文の真理値がどのようにその諸部分の指示的な諸性質に関係するのか,を示す可能性を排除しない.

　最上の真理の理論は,指示に関する理論のような他の理論と結合して,私たちが真理について信じているすべてのことを引き出すことを可能にするような,言明の最小で最も簡単な集合であろう.この必要とされているものは,私たちにミニマリズムの方向を示し,タルスキのような理論を遠ざける.後者は,不必要に複雑で説明上間違っており,真理と指示と充足が互いに分離不可能な仕方で織り合わされているという間違った印象を与える.

問題39　指示の用語による真理の定義の大きな長所は,その説明が,指示関係についての自然的(因果的)理論で補足されて,最後には自然主義的で科学的に信頼できる真理の理論を生み出すかもしれない,ということである.(Field, 1972; Devitt 1984)

　単称指示についての普通の説明は,おおよそ次のように進む.かつて私たちは,フレーゲ(Frege, 1892)やラッセル(Russell, 1905)の記述理論を信じていた.ある名前が使用される時には,いつもある確定記述と同義であるように意図していた.こうして「ソクラテス」は,ある個人言語では,「プラトンの先生」を意味しているかもしれない.このアイデアは,ウィトゲンシュタイン(Wittgenstein, 1953)とセラーズ(Searle, 1958)によって洗練された.彼らは,名前はある特定の確定記述と同義ではないけれども,その名前が何を代理して

いるかを決定するある確定記述の束と名前が結合していると論じた．しかし，この物語は次のように進む．指示のこの見取り図全体は，クリプキ (Kripke, 1972) によって，決定的に拒否された．彼の事例の一つを挙げてみよう．ある無名の数学者シュミットが実際は数論の不完全性を発見した人物であったのだが，ゲーデルが不公平にもその名声を得たのだとしよう．その場合には，たとえあるひとが「ゲーデル」という名前を使って表現する唯一の信念が，ゲーデルは数論の不完全性を発見したということであったとしても，私たちは，その名前の使用はシュミットを指示するのではなくて，ゲーデルを指示すると言うだろう．クリプキは，記述説に対するそのような反例を用いて，指示関係についての代替となる「因果的」な見取り図の採用を動機づけた．ここでのアイデアは，名前の使用と名前が表すものを結びつける因果連鎖のあるタイプがあるということである．このような思考の線に従うならば，残る課題は，この因果的見取り図の把握をやり遂げる指示に関する決定的な理論を定式化することである．しかし残念ながら誰もまだ成し遂げていない．

　ミニマリズムの視点からすると，この失敗は当然のことである．なぜなら，真理と指示は非常に密接に関係しているので，真理のミニマルな説明にとって合理的なことは，指示のミニマルな説明を同じように動機づけることになるだろう．この見解では，指示は複雑な関係ではない．自然的あるいは概念的な還元は不要であり，期待すべきでもない．

　さらに，クリプキ自身のモデルが，名前の指示を確定するときに，表象 (*representaion*) のための役割を排除するものを何も含んでいなかったことに注意しよう．提示 (presentation) の最初の様式（指示ないし記述）による名前の導入には，非意味論的分析は与えられていない．彼の中心的主張は，単に，「名前の使用者の心の中に，指示を確定する特徴を必要とすることはない」ということである．名前の使用は，言語共同体によって，「因果的に」広がるので，提示の最初の様式は失われているかもしれない．しかしこのことは，意味に関する非常に一般的な論点の一事例にすぎず，名前だけでなくすべての語に適用される．その論点とは，表現の意味は，個人言語の使用者の心に内在するのではなく，全体としての言語共同体の実践にそなわっており，共同体との交流の関係を基礎にして，個人に適切に帰属するということである (Burge 1979 参照)．したがってクリプキ理論において「因果的」であるものは，特別に名前だけに関わるものではない．「名前の因果説」という用語は，まったく間違

って彼の議論と結び付けられている．彼が指示の因果説の粗野なバージョンを与えたと考えるべきではない．

そのような概念［指示の因果説］は，しばしば行われるように，＜名前は意味（フレーゲの意義）を持たず，それらが表現を助けている命題へのそれらの可能な貢献のみが，それらの指示対象である＞というテーゼと結合されときには，さらに説得力を失う．問題31への回答の中で見たように，この立場は，言表に関する (de dicto) 命題的態度について十分な説明を与えることを不可能にする（少なくとも記述説にはそれができた）．さらにいえば，この立場は，明らかにクリプキの議論に過剰に反応した結果である．クリプキの議論が，名前は確定記述とは同じ意味をもたないことを示していると仮定しよう．しかしこれは，名前が意味をまったくもたないと結論する理由を与えるものではない．むしろ私たちは，名前を原初的な表現だと考えるかもしれない．これについては神秘的なところは何もない．結局，ほとんどの述語は原初的であるが，なぜ名前が同様に原初的であってはいけないのだろうか．

単称名の場合と同様に，述語の充足についての因果説（例えば，スタンプ (Stampe, 1977)，ドレツキ (Dretske, 1981)，フォーダー (Fodor, 1987) による）は，そのようなものが既にあり，残る課題はすべてその詳細を仕上げることであることが，まるでまったく明白であるかのように振舞っている．しかし，その明白さは，そのような説明が自然主義的で科学的に信頼できる観点から正しいに違いない，という意味である．その明白さは，その起源を言語的な幻想の中にもっている．その幻想は，真理の実質的な理論を動機づけている幻想と同じものである．したがって，その適切な理論を生み出そうとする擁護者たちの失敗が続くことが予期されるだけである[5]．

充足と指示に関するミニマリズムの説明は，真理への私たちのアプローチと並行する形で，それらの観念の機能について語ることから始まるだろう．大雑把に簡潔にいうと，真理が，全体が分節化されて述べられていない諸命題について語るのを助けるように，充足と指示もまた，ある諸部分が——それぞれ，述語や単称名辞に対応している諸部分が——明確に述べられていない諸命題に

---

(5)　失敗した試みに関する議論については，T. Blackburn (1988) を見よ．「熱心に作成された約束のノートは，『新しいアプローチ』の開始を記すものであったが，それを実現するためにほとんど何も行われていないときに，『新しいアプローチ』が大いに議論され引用されたことは，おどろくべきことである」と彼は述べている．

ついて語ることを助ける．真理は，私たちの言語のある文

(16) 「X」は真である

を与え，この文が発話

(17) X

と同値であることによって，その機能を果たす．これとちょうど同様に，充足と指示はそれらの仕事を行う．というのは，

(18) 「F」を充足する

と

(19) 「D」の指示対象

は，述語「F」あるいは単称名「D」と同値なものを，ホーム言語に提供するからである．これは，それらの言語が何であるか，またそれらの翻訳が役立つか役立たないか，に関係しない．さらにいうと，真理が文の位置への代入量化の便利な代替物であるのと同様に，充足と指示は述語と単称名の位置への代入量化なしですますことを可能にする．こうして，

(20) $\{\#\}(x)(\#x \lor -\#x)$

の代わりに，次のように言うことができる

(20*) どのような述語対象があるとしても，その対象がその述語を充足するか，あるいはしないかのどちらかである．

また

(21) $\{\exists d\}$（ラファエルの信念は，$\langle d \rangle$ と $d =$ 月を含んでいる）

という代わりに，

(21*) ラファエルの思想のある構成要素の指示対象は，月である

あるいは，

第7章 「対応」の直観 127

(21**)　ラファエルは月について考えている

「充足する」と「指示する」の非記述的役割を特徴づけたが，充足と指示に関するミニマリズムの説明の第二段階は，これらの機能の実行のための十分な理論を特定することである．真理の理論と並行的に語るならば，これらの機能は，それぞれ，

(S)　$(x)(x は \langle F \rangle を充足する \leftrightarrow Fx)$

という形式のすべての命題と，

(R)　$(x)(\langle d \rangle は x を指示する \leftrightarrow d = x)$

という形式のすべての命題になるだろう．「指示する」と「充足する」の振る舞いと目的についてのそのような説明を仮定するとき，もし指示関係についての統一された概念的ないし自然主義的還元があるとすると，非常に驚くべき一致であろう[6]．

　真理の対応概念は，次の二つの主張を含んでいる．(1) 真理は実在に対応する，そして (2) そのような対応は，真理が本質的にそれであるところのものである．この章で強く勧めたミニマリズムの応答は，（適切に理解されたとすると）これらのテーゼの最初のものを認め，第二のものを否定することである．この応答の合理的なところは，ミニマリズムの同値双条件法を，対応と事実という特徴づけで補足でき，どのような真なる命題や文に関しても確かに対応する事実があることを示せることである．しかし，［対応と事実という特徴づけで補足された］この構成全体が真理の基本理論を構成すると考えることには，有利な点も——実質的に不利な点も——ないことを見た．一つの単なる想像上の利点は，対応説が，真理を指示に還元し，指示を因果関係に還元することによって，有限な自然主義的モデルを残し，それによって真理の概念を科学的に信頼できるものにすることである．しかし，私は，指示，充足，対応，事実が，真理と同様に非自然主義的なものであり，無限のデフレ的理論を必要とするも

---

[6]　指示と充足のミニマリズムの公理は説明上確かに基底的である．この結論のための論証は，問題14への回答において仮定された論証と並行して構成されるのかもしれない．その論証とは，MT が説明上基底的であるという論証である．指示と名前についてのより広範なデフレ的な扱いに関しては，私の *Meaning*（1998）を参照．

のであることを論証した．さらに言うと，その理論は，どのような追加の自然主義的還元もなしに，科学的観点からすでに完全に正当化されている．それゆえに対応説の中で採用されている余計な観念は，デフレ的理論の維持には役立たず，単に不必要な複雑性を持ち込むだけである．説明上の優先性という通常の規準は，同値双条件法が基本的なものとして理解されること，また真理のさらなる特徴が，その対応という性質を含めて，その［デフレ的］理論を基礎にして説明されること，を指示している．

結論

　ミニマリズムの視点は，多くの反論を受けてきたが，私たちは，それらの反論に対応する力がなくはないことを見てきた．このような試練から，ミニマリズムの視点はたしかに以前よりもより強くなっている．というのも，私たちは，今や，その理論の明晰な定式をもち，非常に広範囲の批判に対する応答の整合的な束をもち，代案とされる諸理論の概観と，それらの欠点と，この理論［ミニマリズム］の重要な哲学的含意を知っているからである．

　追究されてきた思想の筋をここでまとめて終わりにしたい．私たちは，この領域に見られる論争の余地のない事実だけから始めた：すなわち命題「雪が白い」が真であるのは，雪が白いときそのときに限る，命題「タキロンが存在する」が真であるのは，タキロンが存在するときそのときに限る，などなど．私たちは，この一般的な事実について二つの問いを立て答えようと試みた．第一に，この事実は正確に言うと何なのか．「などなど」のような不適切な発話に頼るのではなくて，明晰で論理的に信頼できるその特徴付けを提供できるのか．第二に，真理に関する陳腐でないより深い理論があるのか．同値図式事例を超えてゆく，あるいはその下をゆく，理論があるのか．記述的な問いに関しては，私は——定式化不可能な理論を要求する観念が採用されないかぎり——すべての同値テーゼを含む理論は定式化されえないことを論証した．これは，あまりにも多くのそのような理論があるからであり，またそれらの幾つかは，私たちがまだ表現できない命題に関わっているからである．真理に関するそれ以上の理論が見つかる余地があるかどうかという問いについては，私の答えは，絶対に否，であった．ここから「ミニマリズム」という名前が生まれた．この答えの正当化は，二つの部分に別れる．第一に，その［真理述語の］存在理由の全体が，明確に述べられていない命題について語るのを助けることと，特にそのような命題についての一般化を表現することにあるという仮説によって，真理述語のすべての使用が表現されることを論証した．論理学，意味論，科学哲学における真理の深い用法がこの役割を単純に示しているということは，この本

の進行の中で明らかになった．第二に，私はこの機能の実行が，同値の公理の真理より多くのことも，より少いことも要求しないことを示した．こうしてミニマリズムは，すべての妥当な事実を完全に説明する．これがその正当化である．ミニマリズムを哲学のなかに持ち込むことについては，もはや疑いはない．多くの論争——例えば，科学的実在論，意味，曖昧さ，規範的情緒主義，論理学の基礎に関して——は通常は，真理の本性と本質的に関連していると思われている，ということを私たちは見てきた．真理の観念が明らかになり，これらの問題からの真理の独立性が認められる限りで，これらの問題はより明晰な定式化をもち，より解決されやすくなることは，確実であろう．

追記

　この本の最初の版が出版された後[1]，その本に対するいくつかの批判的な反応が登場した．私が理解する限り，こうした議論のどれ一つをとっても，ミニマリズムの視点を批判することに失敗している．しかしながら，いくつかの批判が示しているのは，様々なポイントが不完全に定式化されていたり，説明を必要としていたり，取り組むべき新しい反論が唱えられたりしているということである．私はこの機会をこうした問題のうちの最も深刻なものに対処するために使いたい．真理のミニマリズムの構想の本質と考えていることを繰り返すことから始め，それに対するいくつかの最近の反論について議論することへと進みたい．とりわけ，アニル・グプタやハートリー・フィールド，マーク・リチャード，ドナルド・デイヴィドソン，クリスピン・ライト，スコット・ソームズ，マイケル・ダメット，ポール・ボゴシアン，マイケル・デヴィットによって唱えられた問いに焦点を当てるつもりである．

1. ミニマリズムとは何か

真理に対するデフレ的態度——私が「ミニマリズム」と呼ぶのはそれの改良型である——は，以下の世に普及した自然な考えに反対する．その考えによれば，真理の性質はある種の基底的本性を持ち，哲学者としての私たちの問題は，その本性が何であるかを語り，真理を概念的ないし実質的に分析し，少なくともおおよそで，何かが真であるための必要十分条件を特定する．この伝統的な観点の産物の中には，対応説（x が真である iff x が事実と対応する）や，整合説（x が真である iff x が整合的な信念体系の構成員である），検証主義者の理論（x が真である iff x が理想的な条件下で証明可能か，検証可能である），プラグマティストの理論（x が真である iff x を信じることが有用である）がある．しかし

---

[1] *Truth* (Oxford: Blackwell, 1990).

この種のものはどれも未だかつて真剣な吟味を切り抜けたことはない．このことは，極めて暫定的な形でさえも真理の明示的定義ないし還元的分析を行う見込みがないとするデフレ主義者にとっては，何ら驚くことではない[2]．

デフレ主義は次の事実を強調することから始める．すなわち，私たちがどのような真理の理論を専門的に信奉しているのであれ，私たちはみな次のように推論する用意がある．

　　　信念「雪は白い」は真である

から，

　　　雪は白い．

そして逆もまた真である．そしてより一般的に，私たちは次の「真理図式 (truth schemata)」

　　　信念（憶測，主張，想定，…）p が真である iff p である

の事例を受け入れる．しかしながらデフレ主義者は，真理の分析——その図式の事例を受け入れる理由を説明する真理図式よりも深遠な還元的説明——がまだ与えられる必要があるという伝統的な見解を採用する代わりに，次のことを主張する．すなわち，真理図式への関与が真理述語を用いて私たちが行うすべてのことを説明するので，私たちは真理図式は暗黙的に真理を定義していると考えることができる．真理図式の事例の本能的な（brute）受容は，真理の観念を把握することを構成している．「F」が真理述語よりも基礎的な用語から構成された何らかの表現であるとき，どんな概念的分析も要求されず——次の形式のどんな定義も要求されない．

　　　「真である」は「F」を意味する

---

[2] こうした真理の伝統的な分析の何が正しくて，何が誤りであるかという議論については，第1章やキルクハム（Kirkham, 1992）を参照せよ．ほとんどどんな概念も（「机」や「椅子」でさえも）還元的分析を要求することの影響を受けないので，真理が還元的分析を要求することを否定することは，あまり興味深いものにはなりえない．しかしながら，真理の指摘された独自性は，真理が存するものについて，——極めて大雑把に語るときだけでなくとも——何も語るべきことがないということである．

さらに，どれほど間に合わせだとしても，真理のどんな定義的分析——次の形式のどんな実質的発見——も存在する見込みはない．

　　x が真であることは x が性質 F を所有していることに存する．

したがって，「デフレ主義」と呼ばれる．

もちろん，これはフレーゲ（Frege, 1891）やラムゼイ（Ramsey, 1927, 1991），エイヤー（Ayer, 1935），ストローソン（Strawson, 1964）らによる古き「余剰説」を思い起こさせる．すなわち，

　　命題 x は真である

のような考えは単に，

　　p

以下でも以上でもない．そして余剰説は実際のところ，初期のデフレ主義の形態である．しかしながら，様々な点で私たちはこの見解のもともとの表現を改善してきた——そしてこれが本論で提示され，擁護されたデフレ主義の形態，すなわち，ミニマリズムへと導く．

第一に，その学説に与えられた名前が示しているように，余剰説論者は真理概念の機能について語ることをほとんど何も持たない．しかしながら，真理が本当に余剰であるとしたら，一体なぜ私たちはそのような観念を持つのか．ミニマリズムの長所は，この問い——最初にクワイン（Quine, 1970）[3]によって提案された——に対する満足できる答えを含んでいることである．すなわち，真理述語は，ある一般化を捉えられるようにするという不可欠な役割を果たす．なぜならば，私たちは

　　月は重力の影響を受ける．

を

---

(3) 余剰説論者は，実際のところ，真理述語の機能のある説明の必要性を理解していた．彼らは，真理述語は単に様々なプラグマティックな目的に役立つと主張する傾向にある（例えば，「私は何も見なかったということは真である」において強調したり，あるいは「彼らが劣ったチームであるのは真であるが，とにかく勝った」において譲歩したりしている）．しかしながら，クワイン風の説明ははっきりと優れている．

　　　　すべての物理的対象は重力の影響を受ける．

と言うことで一般化できる．同様に，私たちは常に特定の対象についての言明から，ある種のないしタイプの G（例えば，「物理的対象」）を最初に選び，その対象を指示する名辞を「すべての G」という普遍量化で置き換えることで，一般化を入手することができる．しかしながら，このような仕方では構成することができない重要な一般化のクラスが存在する．その事例には．

　　　　もしフローレンスが微笑んでいるならば，フローレンスが微笑んでいる．

が含まれているこれが例化する論理法則をどのようにして引き出すことができるか．あるいは，次の場合を考えてみよ．

　　　　物理学者は，ブラックホールが存在するときのみブラックホールが存在すると信じることを好む．

これが例化している認識論的方針を入手するためにこれをどのようして一般化するのか．真理概念によって提供される解決策は，そのような命題それぞれを明白に同値のもの——しかしながら，通常の仕方で一般化され得るものへと置き換えることである．したがって，次の

　　　　p

と

　　　　言明 p は真である

と

　　　　信念 p は真である

の同値を前提すると，私たちはそれぞれ，

　　　　言明「もしフローレンスが微笑んでいるならば，フローレンスが微笑んでいる」は真である

と

　　　　信念「ブラックホールが存在する」が真であるときのみ，物理学者は，

ブラックホールが存在する，と信じることを好む

を得るこれらのいずれも，通常の仕方で一般化され，

  「もし p ならば，p」という形式のすべての言明は真である[4]

と

  物理学者は真であることのみを信じることを好む

を生み出す．これらによって，（真理図式が与えられたとしたら）私たちが最初に一般化することを望んでいたすべての言明を導出することができる——そしてこれより論理的に弱いものは不十分だろう．それゆえ，これらは最初の言明の一般化として解釈されるだろう．したがって，真理図式によって支配されている用語を持つことは——その瑣末さにもかかわらず，実際に有用である．ミニマリストが真理に帰属させる特徴を正確に所有している概念に対する明確な存在意義が存在する．

  ミニマリズムがもともとの余剰説を改善する第二の関連した観点は，「p」と「言明（信念, …）p が真である」が正確に同じ意味を持つと主張しない点である．この主張は，信じがたいほど強力である．というのも，結果として，「真」と「言明」という語が同じ意味を持つ一方で，これらの意味は，ある意味で「言明 p が真である」の意味の「構成要素」であるが，「p」の構成要素ではないからである．さらに，そのような極端な立場を採用する理由は存在しない．真理の一般化する機能は，単なる実質的双条件法として理解された真理図式の諸事例が受容される限りでは，完全に全うされる．こうした多くの想定に対して相対的に，「すべての図式 S の事例は真である」という形式のどんな一般化も，S のすべての事例——まさに私たちが一般化する必要があった言明であるところの事例——を含む．

  アニル・グプタ（Gupta, 1993a）は正当に，私たちが真理概念を用いて定式化する一般化の諸事例（例えば，「言明「もしフローレンスが微笑んでいるとしたら，フローレンスが微笑んでいる」は真である」のような事例）は，「言明 p は真である」と「p」の対応する事例がまさに同じ命題を表現しない限り，私た

---

[4] 「『…』という形式のすべての言明」は，「『…』という形式の文によって表現されるすべての言明」と解釈され得る．

追記

ちが一般化を望んでいるもの(「もしフローレンスが微笑んでいるならば,フローレンスが微笑んでいる」)と正確に同じものについて語っているわけではない——このことは,私たちがちょうど譲歩したように,とりわけ説得力があるわけではない.しかしながら,この点は真理の機能についてのミニマリズムの語りを傷つけない.なぜならば,ちょうど言及したように,この機能が要求するのは,単に,この一般化によって私たちが一般化されるべき言明を導出することが許される,ということである——このことは,単に,真理図式が実質的同値を提供することを要求する.これは,このように理解された諸事例が真というだけでなく,必然的に(そしてアプリオリに)真であるということを否定しない.重要なのは,ただの実質的同値の真理が真理の一般化する機能を説明するために十分だということである.

真理概念はこの一般化するという目的のために必要とされると提案したことは,おそらく大げさであった.代案となる戦略があるとしたら,非標準的な量化(例えば,代入量化)のある形式を導入することだろう.それによって,私たちは次のように言うことができる.

　　　　(p)(もし p ならば, p)

と,

　　　　物理学者は,$(p)(p$ であるときだけ,彼らが p を信じる) を好む.

しかしながら,この場合,新しいタイプの量化子を支配する一連の余分な統語論的かつ意味論的規則が要求されるだろう.それゆえ,私たちは真理概念の価値を,厄介な一般化を得るための唯一の道ではなく,相対的に「安価な」道——自然言語において実際に選択された道を提供することだと考える.

ある哲学者たちによって,真理述語は文代用を形成するための装置だと強調されている.(「ジョンは,彼は幸せだったと言った」のように)名前を繰り返す代わりにちょうど代名詞「彼」を使用するように,ちょうど主張された文を繰り返す代わりに「あれは真である」と言うのである.見たところ,現状ではこれは正しい観察である.しかしながら,それをどのようにして説明するのが良いのかという問題は残っている.ここが私のようなミニマリストが,ドロシー・グローバーやジョセフ・キャンプ,ヌエル・ベルナップ(Grover, Camp and Belnap, 1975),そしてロバート・ブランダム(Brandom, 1994)のような

自称「文代用主義者」と袂を分かつところである．後者は「～は真である」は代入量化——大雑把に言うと，「x が真である」は「$(p)(x=\langle p\rangle \to p)$」を用いて分析されるべきであると考える傾向にある．対照的に前者は，真理述語の使用全体（文代用を形成する装置としての使用も含めて）は，「～は真である」が同値図式によって支配されている分析不可能な述語だと想定することで最もうまく説明される，と主張する．さらに，そのような述語の長所は，代入量化の複雑性や不明瞭さを回避することを可能にすることだと主張する．

もともとの余剰説の三番目の欠陥は，真理は性質ではないこと——言い換えれば，真理の帰属は（「「命題「犬が吠える」は真である」の場合のように），対象に対する性質の帰属に特徴的な論理形式「x は F である」を持たないこと——を含意する点にある．デフレ主義のより優れた形態はこのテーゼを，真理述語の論理的役割——とりわけ，「$x=p$ ということ」と「x は真である」から「p ということは真である」を導出し，したがって「p」とする推論——と両立しないとして拒否するだろう．たぶん真理は，基底的本性を持たない点では，多くの性質とは大きく異なる．しかしながら，論理的装置としての「真」の推論的役割という観点では，真理はそれでもなお，少なくともその名辞のある意味において「性質」である．これは第8節で再び戻ってくる論点である．

ミニマリストの視点の私の擁護は次のようにして進む．次節で私は，真理図式が真理述語の暗黙的な定義を提供する考えに対する様々な批判を検討する．その後，第3節と第4節で，私たちが真理に適用するのはどんな種類の存在者なのかという問いに着手し，命題に賛成するケースを再び述べる．第5節では，「真」という語が何を意味するのかという問いから離れ，何が真理の特徴を説明するのかという問へと向かい，真理はどんな基底的本性も持たないとする主張を補強する．また，この性質に関する基礎的な理論は，「命題 p が真である iff p」という同値図式の諸事例に存するとする主張を補強する．第6節と第7節では，真理の規範的身分は，ミニマリズムによって認められた以上の何かが存在することを含意しているという反論に私は取り組む．そして，真理がある意味で性質あるかどうかという問題を振り返ることで，私は結論を出す．

2. ミニマリズムは真理概念の適切な説明を与えるのか

ミニマリズムの考えの中心的な要素は，「真」という語に特有の意味を提供す

る特定の非意味論的事実についての主張である．これは，ある基礎的な規則が真理述語全体の使用を支配しているという事実——ある振る舞いのパターンが言語的実践全体の最良の説明をこの語に提供するという事実——だと言われる．さて，先に見たように，説明的役割を果たす規則は，そのおかげでこの語が有用であるところの規則，すなわち，真理図式の諸事例を受け入れる傾向性である．したがって，これは真理述語についての事実であり，この事実は真理述語によって私たちが意味するものを意味することを構成する[5]．より具体的に言うと，意味を構成する事実とは，真理述語の使用についての説明上基礎的な事実が，「命題 p は真である（The proposition *that p* is true）」の諸事例を，p の対応する諸事例から推論し，またその逆を推論する傾向性だということである．その傾向性は常に以下のとき生じる．(a)「p」それぞれが英語の文のトークンと置き換えられ，(b) こうしたトークンに別のものと同じ解釈が与えられ，(c) その解釈の下，それらのトークンがある言明（ある命題）の内容を表現し，(d) 'that' や 'proposition' といった語に英語の意味が与えられたときである．

この条件は真理とその他の様々な概念を区別するに足りるほど強力ではないと反論されるかもしれない．なぜなら，「真である」以外に数えきれないほどの述語「F」が存在するからである．私たちは

(F*)　命題 p が F である iff p である

の事例を受け入れるだろう．例えば，「F」が「〜は真である，かつ，$1+1=2$」という述語だと仮定せよ．しかしながらこの反論は，明らかに図式（F*）を満たす多くの述語表現が存在するけれども，これが表現の使用を支配する完全な基礎的な規則であるということは，そうした表現それぞれに対して一般的に真ではない，という事実ををを見過ごしている．例えば，「〜は真である，か

---

[5]　「真」の意味についての主張は，二つの異なる考えの所産である．一つ目は，真理に関するミニマリズムの基礎的なテーゼ（すなわち，真理図式は真理述語の使用全体の説明的基礎であるということ）である．二つ目は意味の使用理論（すなわち，ある語が，その配置を支配する基礎的な規則のおかげでそれが意味するものを意味するということ）である．ミニマリズムの極端な帰結の多くは，その基本的な教義（その図式が概念的に基礎であるということ）に依存しており，その図式が私たちの真理概念を構成するという，もう一つ先の考えには依存していない．

つ，1＋1＝2」は図式（F*）を満たすという知識は，この述語がある対象に適用されるという前提から，1＋1＝2という結論を演繹する私たちの傾向性を説明しない．そして一般的に，複雑な述語が図式（F*）を満たすならば，その述語はその構成要素との間に様々な使用関係を示すだろう．そして，こうした事実はこの図式への私たちの依存によっては説明されないだろう．したがって，真理述語の場合，この図式は真理述語の使用に対する完全な基礎的な規則を提供する．反対に，その図式を充足する「真である」以外の述語は，更なる規則によって支配される．そしてこれが，「～は真である」の意味から，複雑な述語の意味を区別するものである[6]．

ハートリー・フィールド（Field, 1992）による別の反論は[7]，次である．すなわち，ミニマリズムの説明は，私たちが定式化することができる言明への適用においてのみ，「真」の意味を捉えることができる．というのも，この場合のみ，私たちは真理図式の関係する事例を提供することができるからである．この考えは，もし例えば「雪は白い」という言明 s を為すならば，

　　s が真である

の内容は多かれ少なかれ，

　　雪は白い

だと考える一方で，もし s が意味するものを知らないならば，「s が真である」という内容を知らない，というものである．ところでこの考えは，実際のところ，真理図式を用いて，「真」という語を含むそれぞれの発話の還元的分析を提供することを目論む理論に反対するだろう．しかしながら，そうしたどんな還元的分析も約束する必要はないし，すべきでもない．実際，そのようなものは存在しないというのが，ミニマリズムの中心的な教義である．ミニマリズムの観点では，他の表現に同じ意味を提供することによってではなく（「真」という語を含むすべての文を，その語なしで内容的に等しい文へと変形する規則を提供することによってでもなく），真理述語のどの性質が，真理述語が現に持って

---

[6] この潜在的な困難は，1992年の10月に，アニル・グプタの注意によってもたらされた．

[7] フィールドは私の特定の種類のデフレ主義に批判的であるけれども，彼はデフレ的観点の強力な擁護者である．例えば，Field, 1994 を見よ．

いる意味の所有を構成するのかを特定することによって，真理述語を定義することを目指す．そのためには，私たちはその語の使用全体を最も良く説明する性質を同定せねばならない．とりわけ，ミニマリズムのテーゼは，「真」の意味は私たちが現実に定式化することができる真理図式の諸事例を受容する私たちの傾向性によって構成される，というものである．こうして，この語はそれが現れるたびに，——翻訳できない言明に帰属するときでさえも——一定の意味を伴って提供されるのである．そしてこのテーゼの正当化は，そのような受容のパターンが，——翻訳不可能な発話への適用を含めて——この語の使用全体を説明する，ということである．したがって例えば，言明を為すひとへの信頼という信念に基いて，真理を翻訳不可能な言明に帰属させるかもしれない．そして，フィールドが示唆したように，私たちはこの種の帰属を説明する真理の説明を必要としている．しかしながら，ミニマリズムの提案は完全にこれを満たすだろう．

マーク・リチャード（Richard, 1997）は，真理図式のいくつかの事例は，ある人々にとって，他の事例ほど明白なものではないとわかるだろうと指摘した．とりわけ，空名辞（「大西洋上のアトランティス」）や曖昧な帰属（「スミスははげである」），道徳的な表明（「殺人は悪い」），未来の出来事（「海上戦が明日始まるだろう」）に関係する命題は，肯定されるが，それでもなお「非事実的」とみなされ，それゆえ真や偽ではあり得ないかもしれない．どの場合でも，「p」は「言明（信念，憶測，…）p は真である」に対応するものを含むとはみなされない．結果として，ミニマリズムは，真理概念は真理図式の諸事例を受容する傾向性によって確定されると主張する際に間違っている，とリチャードは主張する．

しかしながら，ミニマリズムの本質は，ある議論の余地のない図式が真理概念を確定するために十分であり，伝統的な明示的形式を採用するより深遠な定義は存在しない，とすることである．それゆえ，上の例を考慮すると，（「事実的内容」という観念が，「使用」や「概念的役割」を用いて非-真理-理論的に展開された場合）たとえ私たちが次のような量化された図式，

$$\text{「}p\text{」が「事実的内容」を持つ} \rightarrow (\text{命題 } p \text{ が真である iff } p \text{ が真である})$$

を用いたミニマリズムを再定式化するとしても，ミニマリストの視点の核心は完全なままであるだろう．

おそらく，いくつかのそのような量化された図式は，ある哲学者にとっては，真理に関する概念のより良い説明を提供するが，残りの私たちにとっては，量化されていない図式が正確である．したがって，二つの真理概念が存在するのだと考えたくなるかもしれない．もともとの真理図式は，二つの真理概念のうち，ミニマリストの説明を提供し，量化された図式は別の方のミニマリストの説明を提供する．しかしながら，真理述語は，ある哲学者が真理を帰属させることに用心するような議論領域を含めて，すべての議論領域において一般化の装置として必要とされる．したがって，もともとの量化されていない図式が私たちに必要な概念を捉えるものである．それゆえ，より制限された概念を展開することよりも，こうした図式に関する懸念の原因が哲学的混同にあるとすることが妥当であるように思われる．したがって，リチャードによって引用された直観にもかかわらず，私たちは，「真」の意味を構成する使用——「専門家の」使用——が，量化されていない真理図式の諸事例を受容する私たちの傾向性に関する説明的役割である，という見解を支持できると考える．

3. 何が真理の担い手か

日常言語において，真であると言われるものは，私たちが信じたり，発話が表現したりするもの——いわゆる命題——である．したがって，一見したところ，命題は存在する．そのうちのいくつか（おそらく半分）が真である．［命題と］関連して，信じる，主張するなどの行為と，発話がもつ真理に似た属性は，複雑で派性的な性質，すなわち「u は真なる命題を表現する」や「行為 x の対象は真なる命題である」などである．

しかしながら，以下のことは現時点では不明である．(1) この最初の印象が正しいかどうか——とりわけ，命題のようなものが本当に存在するのかどうか．(2) もし正しいとしたら，この素朴な考えはミニマリズム——特に，命題が概念的に真理に先立つというミニマリズムの要求と両立するのかどうか．(3) 三つの真理概念のうちどれが実際に基礎的なのか——特に，日常言語の現状に反して，命題的真理や行為の真理を，それに先立って展開された発話の真理の説明の観点から解明することが，説明上好ましくないかどうか．

that 節（命題的態度）構文（それは，「ジョンは神が存在すると信じる」や「メアリーは嘘をつくことは悪いと言った」，「チャールズは彼がナポレオンだと想像す

る」のような文である）の推論的振る舞いに基づいて，次のように結論するためのよい説明を与えられる．すなわち，that 節構文は，構成要素である that 節——すなわち命題——がどのように考えられるのであれ，それと人との間の関係（信じたり，主張したり，望んだりするなど）——を明確にする(8)．この結論が正しいと想定したとしても，「しかしながら命題とは何なのか」という問いに対するどんな非唯名論的な回答も——例えば，命題がそれと同定されるところの，ある種の物理的かつ心的存在者を特定するどんな理論も——存在しない．そのような回答を与えられないことは，命題の存在についての懐疑論を正当化しない．というのも，どんな懐疑論的な議論の非唯名論的な前提も容易に論駁され得るからである．むしろ，所与の命題に対して私たちが持つ理解は，それが表現される状況に依存している．言い換えれば，私たちが命題の概念をはっきりと述べることは，「ジョンの発話 u は犬が吠えているという命題を表現する」のようなことを主張する際の基礎を明示化することである．

真理に関するミニマリズムの見解は，上のような解釈的主張の根拠に関係する二つの重要な帰結を持つ．一つ目は，これらの解釈的主張は，（例えば，「真」や「〜は…について真である（is true of）」，「指示する（refer）」といった）真理 - 理論的観念に関与しない，ということである．なぜならば，ミニマリズムはそもそも，同値図式は真理述語に対して概念的に基礎的である——そして類比的に，対応する図式は「〜は…について真である」や「指示する」に対して概念的に基礎的であるとする見解だからである．このことは，様々な真理 - 理論的諸概念は命題の概念よりも後に位置しており，それゆえ，真理や…について真であること（being true of），指示といった概念を所有することなしに命題の概念を所有することが可能であることを意味する．さらにこのことは，that 節の帰属は真理 - 理論的観念と関係する基礎に依存していないことも意味する．例えばミニマリズムは，次のような路線

u が命題 p を表現する ＝ ＜u が真である iff p＞

---

(8) 私は，「オスカーは犬が吠えていると信じているが，バーニーはそれを否定する．それゆえ，オスカーが信じ，バーニーが否定する何かが存在する」のような推論と調和する必要性を念頭に置いている．命題を支持するこの種の議論は，第 6 章とシファー（Schiffer, 1994）で展開されている．説明を単純にする目的で，私は命題（例えば，「ジョンはメアリーが彼を愛しているかどうか疑問に思っている」など）を指示する他の様々な方法を無視している．また同じ目的で，命題が that 節によって常に指示されるかのように書いている．

に沿ったどんなものも，私たちの命題の概念をはっきりさせるものになり得ない．

　ミニマリズムの第二の重要な帰結は，that 節の帰属の根拠は，真理 – 理論的諸性質を構成するかもしれない何かと関係する必要さえない，ということである．言い換えれば，that 節の帰属に対する根拠は，明示的に真理や指示に言及しないというだけでなく，真理と指示の基礎にあるだろう非意味論的な何かに言及する必要さえない．例えば「犬」は，——R が「x は y に当てはまる」という関係を構成する場合——犬と一定の非意味論的関係 R に立つことで「犬」が表現する命題構成要素を表現する必要はない．なぜならば，真理が「命題 p が真である iff p」という図式によって十分に説明されるとしたら，命題や発話が真であるという能力は，ある発話が，それが表現する特定の命題を表現するということが生じる理由とは無関係に保証される．

　ミニマリズムの観点から導かれるこうした帰結は共に，意味の使用理論によって正当化される．これを理解するために，事態を単純化して，私たちの注意を（「犬が吠えている」や「雪は白い」のような）文脈に敏感ではない文——指標詞を伴った名辞や指示詞を伴った名辞を含まない文に制限しよう．この場合，ある発話が属する文タイプの意味をその発話によって表現される命題と同一視することはもっともである[9]．そして，ある文タイプの意味が，その構成要素の語の意味と，こうした語が結び付けられる手続きによって決定されると考えることももっともである．したがって，命題についてミニマリズムが含意するのは，語の意味は真理 – 理論的諸性質によっても，そのような諸性質が還元されるところの何かによっても構成されない，という主張である．意味の使用理論によれば，語のタイプそれぞれは，そのトークンに関係するある非意味論的規則のおかげで当の語が意味するものを意味する．すなわち，より具体的に言えば，そのトークンの出現が，その語を含むある特定の文（あるいは推論規則）の受容から導かれる[10]．この見解では，それによってある述語「f」がそれが意味するものを意味するというの性質は，その述語が f とある非意味論的

---

(9) 単純化するために，私は文脈依存性（context-sensitivity）だけでなく，言表に関する（*de dicto*）命題的態度や事象に関する（*de re*）命題的態度，自分についての（*de se*）命題的態度も無視している．これらの複雑性についての議論は，私の *Meaning*（1998）第 3 章問題 12 を見よ．

(10) この立場の詳細と擁護については，*Meaning* の第 3 章を見よ．

関係に立つことに存するだろう．結果として，「fの」意味は「について真である」という関係を非意味論的に還元することによって構成される，と考える理由は存在しない[11]．したがって，意味の使用理論が正しいならば，私は正しいと信じているが，ミニマリズムの二つの予測が正当化される．今や私たちは，ミニマリズムの観点へのドナルド・デイヴィドソンの不満（Davidson, 1996）に手短に取り組む立場にある．その批判は，真理は暗黙的に同値図式によって定義されるというテーゼへの二つの反論に基づいている．二つの反論のうち最初のものは，ミニマリズムとは反対に，真理は概念的に意味や命題に先立つというものである．この主張は，デイヴィドソン自身の意味の理論の直接の帰結である．それによれば，平叙文の意味は，平叙文が一定の真理条件を持つことによって構成される．しかしながら，デイヴィドソンの理論は広く受け入れられているけれども，問題がないとは言い難い．この理論に対する懐疑論は以下の通りである．

(1) ［デイヴィドソンの理論が登場してから］30年経つが，意味の対応する帰属（「uがpということを意味する」）を構成するほど十分強い真理条件の概念（「uが真である iff p」）をはっきりと述べる方法に関する，悪名高い未解決の問題が依然として残っている．

(2) デイヴィドソンの真理条件意味論は，主として，文の意味がその構成要素である語の意味に依存する仕方を説明しようとする欲望によって動機づけられている．提案された説明は，語の指示条件から文の真理条件をタルスキ流に演繹することと抱き合わせである．しかしながら，（問題38への回答で見たように）自然言語のすべての構造がタルスキ流の真理理論の鋳型へと押し込まれ得るかどうかに関して以前からある問題が存在する．

(3) さらに，意味の合成性の説明に対するデイヴィドソンの真理-理論的アプローチは，まったく義務ではない．複雑な表現を理解することは，その構成要素の語を理解し，それらがどのようにして結びつけられるのかを理解すること以上でも以下でもないと想定することで，この問題を「デフレ化する」ことは可能である[12]．

---

(11) この点の詳細については，*Meaning* の第4章として転載された Horwich（1997）を見よ．

(4) 真理概念を前提しない命題の使用-理論的説明を与えることが可能である仕方を，私たちはちょうど見た．

それゆえ，意味と命題が真理の観点から解説されるべきであるということは，明白とは程遠い．

本論で提出されたデフレ主義の独特性に対するデイヴィドソンの第二の反論は，単称名辞として解釈された「犬が吠えているという命題」のような表現が理解不可能だということである．しかしながら，このかなり直観に反する主張は，まったく［デイヴィドソンの］理論に突き動かされたものである．すなわち，このような表現の指示対象がその諸部分の指示対象によって決定され得る仕方に関する（デイヴィドソンの真理-理論的パラダイムによって要求された種類の），どんな説明もデイヴィドソンが見つけることができなかったことからこの反論は導かれている．したがって，この［デイヴィドソンの］パラダイムを既に覆っている先に述べた懐疑を前提するならば，上のような表現と調和することができないということは，単にこの［デイヴィドソンの］理論を諦めるもう一つの理由を構成するだけである[13]．

4. どれが基礎的な真理概念——命題的真理あるいは発話の真理，行為の真理なのか

日常言語は，命題的真理が基礎的であること，発話は「真なる命題を表現する」という考えや，信念は「真なる命題へと向けられている」という考えは，命題的真理の観点から理解されるということ，これらのことを日常言語は示唆している．この観点からすると，説明の順序は次のようになる．

1番目 次の原理によって命題の特徴づけを始める．

p は命題 p を表現する

このとき，文タイプ *p* は，物理的だけでなく意味論的にも個別化されてお

---

(12) この考えは，問題22への回答で上のように概略を説明した．この詳細については，*Meaning* の第7章として転載された Horwich (1997a) を見よ．
(13) ミニマリズムへのデイヴィドソンの批判に対するより詳しい応答は，Horwich (1999) を見よ．

り，かつ「p」の二つのトークンは同じように解釈されるとする．

2番目　次の同値図式によって命題の真理を解明する．

　　命題 p が真である iff p

3番目　次を加えることで，諸命題（さらに命題的真理）の説明を完成させる．

　　u と v が同じ命題を表現する iff u と v が同じ使用-理論的構成性質を持つ

4番目　次の結合原理によって，発話の真理（「真理」）や行為の真理（「真理*」）を導入する．

　　発話 u が x を表現する → （u が真である iff x が真である）

　　行為 a が x に向けられている → （a が真である* iff x が真）

5番目　次の対応する同値図式を演繹することで，こうした考えの適切性を証明する．

　　u が命題 p を表現する → （u が真である iff p）

（このことは同じく，次の引用解除図式を含む：*p* が真である iff p）そして

　　p を信じる（憶測するなど）という行為 a が真である* iff p

しかしながら，日常言語との一致にもかかわらず，説明のこの順番はまったく強制的なものではない．すなわち，その他の真理概念の一つに基づいて，同様の仕方ですべてを基礎づけることができる．例えば，次の引用解除図式を用いて，（私たち自身の発話に対する）発話の真理を特徴づけることから始めるかもしれない

　　p が真である iff p

その後，その他の発話に対する真理を含む次の投影原理（projection principle）を加える：

　　u と *u* が同じ使用-理論的構成性質を持つ → （u が真である iff *p* が真である）

それから，諸命題に関する先に述べた説明を導入する

　　*p*が命題pを表現する
　　uとvが同じ命題を表現する → uとvが同じ使用-理論的構成性質を持つ

先に述べた次の結合原理を加える

　　uがxを表現する → (uが真である iff xが真である)

以上のことから，容易に次の同値図式を導くことができる

　　命題pが真である iff p.

　日常言語の真理述語が典型的には命題的真理を表現するという事実は，最初のアプローチをより自然にする．これが真理や真理*よりも，［命題的］真理を概念的に基礎的な真理概念だとみなし，真理の担い手を命題だと想定する私の論理的根拠である．同じように私は，真理概念は同値図式の諸事例を受け入れる傾向性によって生み出され，このことは私たちの真理図式や引用解除図式への信頼を説明するものだとみなす．しかしながら私たちは，この概念的順序が特別深遠かつ重要なものではないということを見てきた．私たちの言語は，確かに発話の真理や行為の真理*の原初的概念を表現する語を持ち得る．この場合，仮に命題的真理の観念を構成するにしても，それは単純な問題だということである．

5. ミニマリズムは，私たちの真理概念の本性に反対するものとして，真理自体の本性について語るべきことを持つのか

水の概念（あるいは「水」という語の意味）についての理論と，水それ自体の現象についての理論を区別することを私たちはためらったりしない．最初の理論は，意味論学者によって提供され，第二の理論は物理学者によって提供される．また，最初の理論は水についての私たちの思想や言明を説明するために設計されており，第二の理論は水自体の性質を説明するために設計されている．さらに，最初の理論はH_2Oについて何も語る必要はないが，第二の理論は語る必要がある．同様に，真理概念の説明と真理自体の説明を区別することは，

一見理にかなっているように見える．前者は，特定の意味を伴った「真」という語を用いる際の条件を特定することを目的としている．対して後者は，その語が意味するものについての基礎的な事実を特定することを目的としている．結果として，前者——「真」の意味——は「真」という語についての一般化，すなわち，その語のすべての私たちの使用を説明する一般化によって特定され，後者——真理自体の理論——は，真理についてのすべての事実がそれに基づいて説明されるはずの真理の性質についての原理に存している．類似した区別が，真理の表現や行為の真理に関する私たちの概念とその現象それ自体との間で引かれるべきである．

　ミニマリズムの観点からすると，何が真理自体の基礎的な理論なのか．真理についてのどの基礎的事実が，真理についてのすべての追加の事実に対して最良の説明を提供するのか．自然な推測は，原理的には X の概念に関する理論と X-性に関する理論の間には差異が常に存在するけれども，おそらく真理の場合には，こうした理論は多かれ少なかれ一致する，というものである．たぶん，真理の理論の公理は次の同値図式の諸事例である．

　　　命題 p が真である iff p.

これは，私が真理のミニマルな理論と呼ぶものを含んでいる．

　この提案に対する直接の問題は，嘘つきのパラドクス，すなわちこの図式の矛盾を含む事例の存在，によって生じる．ただしこのことは，私たちが「真」によって意味するものは同値図式によって捉えられる，と想定することに対する対抗し難い困難ではない，ということに注意せよ．なぜならば，ある事例は矛盾を生み出すけれども，私たちが「真」によって意味することを意味するひとは，こうした事例さえも受け入れるある傾向性——そうした事例が矛盾を導くという発見によって覆される傾向性を持っているからである．実際，「嘘つき」文が私たちにパラドクスを提示するのは，私たちがそうした傾向性を持つときのみである．しかしながら，真理自体の理論としてその図式が提案されるとしたら，どんな操作も当の図式を保護するために利用できない．唯一言えるのは（問題10への回答において見たように），その図式はその事例の制限された集合のみを含むだろう，ということである．だが，その制限を特定するためには，追加の理論が用いられる必要がある．

　本書で提案されたミニマルな理論の第二の欠陥は，それが無限に多くの公理

を持っていることだと考えるひとがいるかもしれない．同値図式の禁止された矛盾を含む事例はともかくとして，各命題には別の公理が存在する．そうすると，諸命題が含む有限個の構成要素の指示対象という観点から，無限に多くの諸命題の真理を説明するという，タルスキのような戦略を追求することが望ましいと言えるだろうか．私には，その答えは否だと思われる．タルスキ流のアプローチは誤った望みを提供する．なぜならば，(1) よく知られているように，その真理が命題の部分の指示対象に基づいて説明され得ると信じる理由がどこにもない種類の命題が存在し，(2) タルスキ流の戦略は，私たちの言語において表現されない原初的な概念から構成される諸命題を見落としているからである．もしすべての命題が対象にされ得るならば，すべての無限に多くの可能な原初的なものの指示対象を特定する公理が存在するはずである．したがってタルスキ流のアプローチは，ミニマルな理論よりも少ない公理で充分だというわけではないと分かる．

　ミニマルな理論に対する（アニル・グプタ（Gupta, 1993a）やスコット・ソームズ（Soames, 1997）によって強調された）第三の反論は，ミニマルな理論はあまりにも弱すぎて，真理についてのどんな一般的な事実も説明することができない，ということである．例えば，次の事実について考えてみよ．

　　　「$p \rightarrow p$」という形式のすべての命題は真である．

私たちはこれを，ミニマルな理論の公理だけを呼び出す特定の説明的推論を集めることによって説明しようとするかもしれない．例えば，雪が白いならば雪が白い，と

　　　命題「雪が白いならば雪は白い」が真である iff 雪が白いならば雪は白い

という公理が与えられたとしたら，なぜ次であるかを説明することができる．
　　　命題「雪が白いならば雪は白い」が真である．

しかしながら，説明されるべき一般的事実へと辿り着くためには，すべてのこうした帰結を一纏めにする必要がある．そして，そうすることを可能にする論理的に妥当な規則は存在しない．明らかに，ある性質をある種の対象それぞれへと帰属させる前提の集合は，その種類のすべてが当の性質を所有していると

いうことを含意しない．私たちがその種のすべての対象に対する前提を所有していることを特定する更なる前提が必要である——そしてこのことは，私たちの帰結に相当する．

しかしながら，現在の場合，すなわち主題が命題である場合，この問題に対する解決策を見つけることができる．というのも，諸命題それぞれにある性質Fを帰属させる前提の集合から，すべての命題がFを持つという結論へと導く真理-保存的推論規則が存在すると想定することはもっともだからである．たぶん，この規則は論理的に妥当ではない．なぜなら，この規則の信頼性は論理定項の意味だけでなく，諸命題の本性にも依存しているからである．しかしながら，これは私たちがもっともだと思う原理である．(xが命題であるとき)xがFである」という形式のどんな命題も受容する傾向性から，「すべての命題はFである」という結論へと移行する際に，私たちは暗黙的にこの規則にコミットしている．したがって，この規則は私たちが関心を持っている真理についての一般化の説明を支えるものだと想定できる．それゆえ，結局のところ，真理の基礎的な理論は同値図式の諸事例の部分集合に存しているというテーゼを私たちは擁護できる．

しかしながら，まだ更なる問題が残っている．たとえ真理のすべてのよく知られた特徴が実際に同値の事実から生じるとしても，こうした事実は同様に，より基礎的な理論——おそらく基底にある特定の本性を真理に帰属させる理論によって説明されるのだろうか．その答えが否であることは明白であるように思われる．なぜならば，同値図式は概念的に基礎的であり，かつアプリオリだからである．上記の点に関して，当の図式は排中律のような基礎的な論理法則の諸事例や，算術の基礎的原理と同等のものである．上のどの場合においても，経験的領域で私たちが期待するような理論的還元を見込むべきではない．というのも，アポステリオリな事実の領域では，体系のふるまいは，体系の部分の性質やそうした部分が他のものと結びつけられる仕方によって引き起こされると期待できるからである．それゆえ，このふるまいの還元的説明を予期するかもしれない．しかしながら，アプリオリの領域では，還元を期待するどんな理由も存在しない．同値公理の特定の場合では，懐疑主義に対する特別な根拠が存在する．というのも，同値公理を説明するとしたら，そこから同値公理すべてが演繹され得る真理や他の問題についての単純な多くの事実を提供しなければならないからである．しかしながら，事実の多くはそれ自体無限でなければ

ならない——なぜならば，無限に多くの異なる命題的構成要素のふるまいが説明されねばならないからである．結果として，適切な説明に対して要求される単純性の結合と獲得は，新たな理論が同値図式だけでなく，他の様々な現象も同様に説明することができる場合のみ達成され得る．だが，その他の現象が存在し，その現象の諸性質が同値図式を説明する同一の理論によって説明される，と考える理由は間違いなくどこにもない．もし存在するとしたら，極めて驚くべきことだろう．したがって，実際のところ，同値の公理を説明の上で基礎的だとみなすこと，それゆえ真理は基底的本性を持たないと考えることはもっともである．

　したがって，ミニマリズムは，単に真理はどんな概念的分析も持たないという見解なのではない．それは，いかなる種類の還元も期待できない，というより強力なテーゼと関係している．さらに，ある方針に沿った思想に基づいた主張，すなわち［真理］概念の有効性は非-記述的であり，真理図式の受容によって説明され，そのような受容は私たちの真理概念を構成し，こうして特徴づけられた性質は還元的分析の影響を受けないという主張，を基礎づける．以上の理由で，私たちはムーア（Moore, 1899）やデイヴィドソン（Davidson, 1990）をミニマリストとはみなさない．彼らは真理を定義不可能で原初的だと主張するにもかかわらず，当の概念の非-記述的機能を認めず，真理が真理図式によって暗黙的に定義されているとは考えず，実質的還元の可能性に反対しないからである．

6．ミニマリズムは真理の規範的重要性について何か語るべきことがあるのか

マイケル・ダメットは，1959年の有名な論文で，余剰説は真理が望まれることを捉えることに失敗していると主張して反対した[14]．余剰説はいつ私たちの信念が真であるかを教える．すなわちそれは，信念 p が真であるのは，p であるときそのときに限る，と語る．しかしながらそれは，私たちは自身の信念が真であることを望む，すなわち，私たちは真理を目指すという重要な事実を

---

(14) ダメットの見解は，クリスピン・ライト（Wright, 1992）（私は彼にこの追記の 8 で応答している）や，バーナード・ウィリアムズ（Williams, 1996）（私は彼に問題 19 への回答で応答している）によって詳細に述べられている．

除外している．そして同じ論点がミニマリズムにも寄せられ得る．

しかしながら，これに答えて，真理の説明が十分であるためには，その説明は真理が望まれることを説明することができるということを満たす，と言われる——真理が望まれることがその説明の内的な部分であることは要求されていない．さらに，そのような説明は（あるいは，少なくとも，その説明の素描は），実際に与えられ得る．

大雑把に言うと，例えば，もし走ったら逃げられるだろうという場合のみ，走ったとしたら逃げられるだろうと信じることをなぜ望むべきなのか，は容易に理解される．私がこれを望むのは，逃げるという欲求が与えられたとしたら，その信念はある行為（走ること）へとつながり，実際にその行為が逃げることを含んでいる場合に限り，当の行為は私の欲求を満たすからである．こうした理由により，走ったとしたら実際に逃げられるだろうという場合のみ，私は走って逃げると信じることを好む．

「D」が「直接的行為指針命題（action-guiding proposition）」と呼ぶもの——すなわち，その前件が主体の管理下にある可能的行為を記述し，その後件が実現することが望まれる事態を記述するような「もし私がAするならば，Gを得るだろう」という形式の条件法を表現するときはいつも，

　　　　もし私がDを信じるならば，D

と望む同様の理由を明らかに持つ．

さて，そのような一般化を捉えるための真理概念の使用を思い出そう．私たちは

　　　　もしDということを信じるならば，Dということは真である

という図式を再定式化できる．これは，次の論理形式を持っている．

　　　　もしXを信じるならば，Xは真である．

これは，次のような通常の仕方で一般化され得る．

　　　　私の直接的行為指針信念は真である．

これが，それを望む良い実践的な理由である．しかしながら，それに加えて，直接的行為指針信念は真理を保存する傾向にある推論規則によって他の信念か

ら導出されることを心に留めておこう．どの私たちの信念も，そのような推論における前提であるかもしれない．したがって，なぜすべての信念が真であることを望むのかは極めて明白である(15)．

7. しかしながら，真理の経験的一般化の存在——真なる信念が成功する行為を容易にするという事実を含む——は，真理は結局のところ基底的本性を伴った性質であると提案しているのではないのか

この反論の背後にある考えは，経験的一般化が典型的にあるものを他のものと関係させる諸性質の基底的本性によって説明される，というものである．それゆえ，もし何らかの真理についての一般的で経験的な事実が存在するとしたら，ミニマリズムに反して，それらの存在は真理が基底的性質を持っていることに依存している．そして既に見たように，ハートリー・フィールドが述べたような，「行為者の信念の真理条件が実現されているとき，行為者は成功する傾向にある」という真理についての一般的事実が存在するように見える(16)．

しかしながら，真理に関する一般化が当の性質を分析することで説明されるだろうと想定することは誤りである．真理概念の機能が与えられたとしたら，こうした一般化は真理に焦点を当てたものではなく，実際には真理についてですらない，と分かる．むしろこの一般化は，一般化を定式化する同値図式に依存する特殊な意味論的一般化のクラスに属している．フィールドが述べたような事実はさらに基礎的な図式の観点と，同値図式の観点から説明されねばならないということ，すなわち，真理自体とある深遠な性質を同一視しようと試みることでは何も得られないということは，5節で示された．

たった今見たように，当該図式の諸事例の真理という観点から当の一般化を説明することは，多かれ少なかれ可能である．

---

(15) この考えの改良版については，問題11への応答およびバリー・ローワー（Loewer, 1993）を参照せよ．
(16) フィールド（Field, 1992）とマイケル・デヴィット（Devitt, 1991）の両方が，おそらくミニマリズムは成功する行為を説明する際の真理の役割によって損なわれるという，問題11で既に詳述された懐疑を支持している．

I. もし S が, p であるならば q, を信じ, かつ S が q を望むならば, S は p を望む
　II. もし S が A をすることを望むならば, S は A をする
　III. もし S が, q は p_1, p_2, …pn から帰結すると信じるならば, (おそらく) q は p_1, p_2, …pn から帰結する

同様に,「真理についての」意味論的事実それぞれは, さらに基礎的な図式と同値図式の諸事例に言及することで説明されるだろう. 真理についてのどんな分析も要求されていない.

8. 真理は性質なのか

ミニマリズム自体は, この問題に対する特定の回答を含んでいない. というのも, ミニマリズムは真理に関する様々な異なる構想と結びつけられるからである. その内のいくつかは, 真理述語が性質を表すという結論を生み出し, いくつかはそうではないという結論を生み出す.

　例えば, 述語として論理的に機能するすべての語は性質を表すとする気前の良い構想を検討しよう. さて, 次のように主張することができることは, 真理の不可欠な特徴である.

　　x は真である
　　x = 命題 p
　∴　命題 p は真である
　∴　p.

したがって, 真理述語は実際に述語として論理学に与えられねばならない. それゆえ, 真理が確かにある性質を伴ったものであることミニマリズムが含意するような, 完全に適切で弱い性質の理解が存在する. しかしながらこれは, 追加条件を加えることで, 性質に関する様々なより厳格でより「剛健な」構想を構成することを排除しない. 例えば, ある述語がある「実質的」性質を表現するのは, それを非-意味論的名辞へと還元することに対するアプリオリな障害がないときそのときに限る, と言うかもしれない. アプリオリな考慮に基づいて, 真理の自然主義的な還元は不可能であるとミニマリズムが主張する限り

においては，この立場は真理がこの意味で「実質的」ではないということを含意している．したがって，ミニマリズムの観点から真理が性質であるかどうかという問題に迫る唯一の妥当な方法は，様々な性質に関する構想を区別し，その都度答えることだけである．

　ポール・ボゴシアン（Boghosian, 1990）は，ミニマリズムは真理が性質であ・る・かつ性質で・は・な・い・の両方を含んでいることに基づいて，不整合（「不安定」）であると主張した．ボゴシアンによれば，ミニマリズムの本質——それがミニマリズムと対応説や整合説のような伝統的な説明を区別する——は，真理述語が実際には性質を表さないという主張である．しかしながら，ミニマリズムはどんな文法的に適切な文も，次の引用解除図式と置換可能であるという教義から構成されている．

　　　「p」が真である iff p.

そして，このことは次の図式の一般性を受け入れることに等しい．

　　　「p」が事実を表現する iff p.

これは，次を含む．

　　　「Fx」が事実を表現する iff Fx.

このことは極めてもっともらしく，次を含意する．

　　　「F」が x の性質を表す iff Fx.

それゆえ，例えば，命題「雪は白い」が真であるので，「真」はある性質を表すということが帰結する．

　しかしながら，ミニマリズムがこの矛盾に陥る理由はない．ボゴシアンの二番目の議論は，性質に関する弱い論理的観念を思い起こさせる．それゆえ，私たちは，真理がその種の性質であることを受け入れることができる．この場合，ミニマリズムの構想と伝統的な説明を区別するものは，真理のどんな還元的理論も存在しないことについてミニマリズムの構想が含意することと合わせて，真理述語の意味と機能に関する特徴的な見解である．もう一つの方法として，私たちは一貫して性質のあるより実質的な理解から始めることができる．この場合，真理が性質ではないことを含むものとしてのミニマリズムの特徴づけに

同意するだろう．しかしながら，性質に関するこの考えに対して，ミニマリズムは次の一般的図式を受け入れるべきではない．

　　「F」が x の性質を表す，iff Fx である．

そして，これが同値図式の一般性から帰結することを否定することができる．

　クリスピン・ライト（Wright, 1992, 1996）もまた，真理のミニマリズムの見解は「不安定である」——しかしながら，ボゴシアンの根拠とは極めて異なる根拠に基づいて「不安定である」と主張した．ライトは次のように主張する．真理は「際立った規範」——言い換えれば，(a) 私たちの言明が真であることが望まれる，かつ (b) 真理は正当化とは異なる——ので，真理は「実在的（real）」性質であると認識すべきである．

　しかしながら私たちは，こうした主張が本当にミニマリズムと矛盾するかどうかを検討せねばならない．そのためには，「実在的性質」が何を意味しているのかを精査しなければならない．様々な可能性が存在する．

(1)　それが「何らかの論理的に通常の述語が表す種類の性質」を意味するならば，今まで見てきたように，真理が実際にこの種の性質であるということとミニマリズムが一致しないことは何もない．

(2)　おそらくライトは，「実質的（substantive）」性質と私が呼んでいるものを念頭に置いている．すなわち，それに対する次の形式の構成理論が存在する種類の性質を念頭に置いている．

　　　　x が真である $= x$ は F である．

　しかしながら，真理の規範的特徴から真理がこの意味で「実在的である」ことは帰結しない．反対に 7 で見たように，真理に関する何らかの還元的理論が正しい可能性はない．なぜならば，どんなそうした説明も同値図式を説明しないからである．

(3)　別の可能性としては，次のような無限の選言的性質を「実在的」だとみなすことがある．すなわち，

　　　　　　$x =$ 命題「雪は白い」，かつ雪は白い
　　　　あるいは $x =$ 命題「神は存在する」，かつ神は存在する

あるいは…

しかしながら，これはライトが想定していることではないだろう．なぜならば，専門用語は別として，それは多かれ少なかれ，まさに真理のミニマリズムの説明だからである．

(4)　もちろん，「実在的性質」に関する特別な意味を導入するかもしれない．その意味対しては，(上で定義された) 何らかの「際立った規範的」性質が「実在的」性質としてみなされることが要・求・さ・れ・る・．しかしながら再び，ミニマリズムはこれに対して——そのような要求の眼・目・に関して以外不服はない．

(5)　私が考えることができる唯一の他の可能性は，「本当の」性質に関するライトの考えは，「実質的」性質に関する私の考えに——何らかの還元の見込みが存在することを要求しないことを除いて類似している，ということである．言い換えれば，「本当の本性を伴った性質」という彼の構想は，たとえどんな本性も特定可能ではないとアプリオリに理解することができるとしても，ある性質が「実在的本性」を持つことは可能であるという直観的な描像に訴えている．もしこれが実際にライトのテーゼの正しい解釈であるならば，二つの応答がある．一つ目は，そのような性質があることに対する基準を明確に述べず，際立って規範的な性質がその基準を満たさねばならないというライトの主張に対する議論もない中で，その主張を受け入れる理由は間違いなくどこにもない．二つ目は，反対の結論を支持する直観的な証拠が存在する．「真理」の概念が次の措定によって導入されると想定せよ．すなわち，(おそらく，私たち自身のものとは同一ではない)「真理」の概念が命題「雪・は・白・い・」に適用されるのは，雪が白いときかつそのとき限りであり，また真理概念が「$E=mc^2$」に適用されるのは，$E=mc^2$ であるときかつそのとき限りである，と．雪が白いという命題の「真理」が単に雪が白いということに依存し，$E=mc^2$ という命題の「真理」が単に E が mc^2 と同一であることに依存する等といったことは，「実在的本性」や「性質の構成」という私たちの直観的な構想と両立するように思われる——このことは，「真理」そ・れ・自・体・は，どんな実在的本性も持たないことを含意するだろう．同値図式から，「真理」が (ライトの意味で)「際立った規範」であるということが帰結するという事実にもかかわらず，そうである．結果として，真理の実際の概念は「際立って規範的」であるという事実から，

真理が実在的本性を伴った性質を表しているということは帰結しない．

結論

真理のミニマリズムの描像は，三つの主要な構成要素を持つ．第一に，真理の有用性の説明（すなわち，図式的一般化からなる明示的な定式化を可能にすること），第二に，真理概念の説明（すなわち，「真」が暗黙的に同値図式によって定義されること），第三に，真理の本性の説明（すなわち，真理は基底的本性を持たず，それについての説明的に基礎的な事実は同値図式の諸事例であるということ）．

これらの考えは次のように擁護される．有用性についてのテーゼは，いくつかの検討によって正当化される．第一に，真理概念によって捉えられ得る一般化を表現する他の便利な方法が存在しないように見える．別の方法は，私たちの言語に文量化という比較的厄介な装置を補うことである．そして第二に，真理概念を持つ他の利点が存在しないように見える．

「真」の意味についてのテーゼは，その両方がそれ自体正当化可能な二つの想定に基いている．第一に，そのおかげで「真」によって私たちが意味することを意味する事実は，この用語の使用を最もうまく説明するものである．第二に，この用語の使用は同値図式の受容によって最もうまく説明される．こうした想定の最初のものは，第6章で概略が説明され，*Meaning*（1998）で詳述された意味の一般的理論から得られる．第二のものは，同値図式の観点から説明できない真理述語の使用を見つけることの難しさによって正当化される．あるいは，別の言い方をすると，このことは，真理述語を一般化する働きは当の図式の受容によって説明されることを示すことで正当化される．

真理が基底的本性を持たないというテーゼは，上述のことから導かれる．真理の機能が与えられたとしたら，それをはっきりと述べるために真理概念を必要とするところの一般的事実は，本当は真理についての事実ではない．したがって，その説明は真理の基底的本性の説明によって手助けされるわけではない．むしろ，こうした一般化の説明へと入ってくる真理についての事実は，同値図式の諸事例だろう．これらの諸事例は，概念的に基礎的であり，かつアプリオリである．したがって，還元的説明の影響を受けにくい．それゆえ，真理が何

らかのより基礎的な性質によって構成されることはないと結論することはもっともである．

　これはミニマリズムの哲学的影響を更に拡大する箇所ではない——しかしながら，これらのことは間違いなく注目に値する．なぜならば，真理概念は哲学の至るところで，しばしばミニマリズムの描像と衝突する仕方でも用いられている．今まで見てきたように，一つの例は道徳的表明は真理値を持たないという理論としての表現主義（emotivism）の定式化である．他には，実在論・反実在論の論争は真理の本性と関係しているという見解がある．他にも，意味は真理の観点から説明されるべきだという学説がある．また，真理は多義的かつ他の形式の不確定性によって除外されるという考えもある．こうした場合のいずれにおいても，より明確な定式化への前進や，問題が実際にどこにあるのかに関するより優れた理解は，真理が形而上学的に瑣末——一般化の装置以上のものではないと理解することによって達成される．

訳者解説

1　ポール・ホーリッジの経歴

　著者のポール・ホーリッジ（Paul Horwich）は，1947年に英国で生まれで，1968年にオックスフォード大学で物理学の学士号を取得，1969年にイェール大学で修士号を取得し，1973年にコーネル大学で哲学の修士号を取得，1975年にコーネル大学でPhDを取得した．その時の指導教員はリチャード・ローティであり，博士論文のタイトルは「時間のマトリクスとトポロジー」であった．1970年から1980年までMITで哲学の助手を勤め，1980年から1987年までMITで哲学の准教授，1987年から1994年までMITで教授を勤めた．1994年から2000年までロンドン大学教授，2000年から2005年までニューヨーク市立大学（CUNY）教授，を経て2005年以後は，ニューヨーク大学（NYU）で教授を勤めている．その間，UCLA，シドニー大学，エコール・ノルマル・シュペリウールで客員教授を務めている．

　著書には，本書を含めて次のものがある．

Probability and Evidence（Cambridge University Press, 1982）
Asymmetries in Time（MIT Press, Bradford Books, 1987）邦訳『時間に向きはあるか』丹治信春訳，丸善株式会社，1992
Truth（Oxford: Clarendon Press, 1990; 2nd ed. 1998）（本邦訳『真理』）
Meaning（Oxford University Press, 1998）
From a Deflationary Point of View（Oxford University Press, 2004）
Reflections on Meaning（Oxford University Press, 2005）
Truth-Meaning-Reality（Oxford University Press, 2010）
Wittgenstein's Metaphilosophy（Oxford University Press, 2012）

　本書『真理』の初版（1990）でホーリッジは，真理のデフレ理論のヴァリエーションとして真理のミニマリズムを主張するが，その後，『意味』（*Meaning*）（1998）において，自然主義的な意味の使用理論を主張し，意味を説明す

るために指示や真理に訴える理論に反対している．この意味論に合わせる形で，『真理』の初版に手を加えて「追記」を付け加えたものが，本訳書の底本『真理』(第二版，1998) である．

2 真理のインフレ主義とデフレ主義

本書でホーリッジが批判する伝統的な真理の理論と呼ばれる立場（真理の対応説や真理の整合説，プラグマティストの真理の理論，真理を分析不可能な質とする説）は，近年の真理の理論 (theories of truth) ではインフレ主義 (inflationism) と呼ばれている．代表的なインフレ主義の理論としてしばしば取り上げられるのは真理の対応説である．真理の対応説によれば，真理とは真理の担い手（文，命題，信念等）が実在と対応することだとされる．この立場の支持者としては，アリストテレスやラッセル，前期ウィトゲンシュタインなどがいる．

真理の対応説は現在でも根強く信奉されている理論であるが，数多くの批判が存在する理論でもある．実際，この理論に反対する形で他の様々なインフレ主義の理論が生み出されてきた．例えば，真理の整合説は，真理の対応説が前提する「実在 (reality)」の存在を疑い，真理は既に受け入れられている信念体系全体と整合することだと主張した．この考えは，実在抜きに真理を説明しようとするため，ブラッドリーを始め観念論的傾向のある哲学者の間で普及した．また，プラグマティストの真理の理論は，私たちの認識とは完全に切り離された存在としての客観的真理を放棄し，代わりに真理を有用性と捉え，適切な（あるいは，「理想化された」）条件下での正当化と真理を同一視することを提案した．この考えは，真理を形而上学から切り離した上で，認識論と接合させようとするダメットやパットナムによって支持された．

以上から分かるように，インフレ主義と一括りにまとめてもインフレ主義に属する諸理論の間には大小様々な差異がある．しかしながらインフレ主義は一般的に，真理が次の二つの特徴を持つことを認める．

1. 真理は実質的な性質である
2. 真理をより基礎的な性質へと還元することが可能である

このように真理を特徴づけるインフレ主義は，真理は哲学的に重要であり，「真理が何に存しているのか」という問いは探求するに値すると考える点を共有している．したがって，インフレ主義の目的は，真理が還元され得るより基

礎的で実質的な性質とは何であるか，を解き明かすことである．

これに対して，真理は実質的性質を持たず，より基礎的な性質へと還元することも不可能であると主張する立場がデフレ主義である．実際のところデフレ主義は反-インフレ主義の総称のようなものであり，詳細においてまったく異なる様々な理論を含んでいる．しかしながら，いずれの理論にしてもその原型となっているのは真理の余剰説である．真理の余剰説によれば，「『p』が真である」と「p」は同一であり，したがって真理述語は「p」という表現がある以上余剰だとされる．この立場はラムゼイなどによって支持され，しばしば初期のデフレ主義とみなされている．しかしながら，後のデフレ主義は真理述語が不可欠であることや真理が性質を持つことを認めるため，その後のデフレ主義と真理の余剰説の主張には大きな差異があることは注意すべきである．

真理の余剰説をもとに理論的に洗練させた立場としては，例えばクワイン（Quine, W. V.）やフィールド（Field, H.）が支持している引用解除主義がある．この立場によれば，まず真理の担い手は文であり，真理述語は「『p』が真であるのは，pであるときそのときに限る」という図式によって定義される．また別の立場として，文代用主義が挙げられる．この立場によると，真理は「それは真である」という文に見られるように，既出の文の代用（prosentence）に過ぎず，したがって真理は前方照応のための単なる論理的装置だとされる．この支持者としては，グローバー（Grover, D.），キャンプ（Camp, J.），ベルナップ（Belnap, N.）やブランダム（Brandom, R.）などがいる．

3 ホーリッジの真理のミニマリズム

ホーリッジが支持するミニマリズムもまた，真理の余剰説をもとに改善を施したデフレ主義の一形態である．ホーリッジによれば，真理の内容は，彼がミニマリズムと呼ぶ理論によって尽くされる．ミニマリズムを一言で表すならば，「真理述語の全意味は同値図式のみによって確定される」とする立場である．同値図式とは，

(E) 　$\langle p \rangle$ が真である iff p

というものである．ここでpはある文を表しており，$\langle p \rangle$は，pという命題（文pの意味）を表している．この同値図式のpに具体的な文を代入したものが，真理のミニマリズムの公理となる．例えば

〈雪は白い〉が真である iff 雪は白い

が公理である．平叙文の数だけ公理があることになり，ミニマリズムの公理は無限にある．

　注意が必要なのは，ミニマリズムは単にこれらの公理の集まりだということである．すなわち，ミニマリズムが含む公理の数は無限に多いため，ミニマリズムを単一の集合とみなすことはできない．したがって，私たちはミニマリズムをコンパクトに一般化された形で表現することはできないのである．

　このような一見問題含みの理論であるにもかかわらず，ミニマリズムは正真正銘の真理の理論であると主張される．なぜなら，ホーリッジによれば，真理に関するあらゆる事実を同値図式だけを用いて説明することが可能だからである．彼によれば，同値図式は論理学や数論の根本法則と同様に，アプリオリかつ概念的に基礎的である．したがって，同値図式を何らかの形でより基礎的なものへと還元することは期待できない．もし真理述語のすべての意味が同値図式によって与えられ，同値図式に対する還元的分析が不可能であるならば，伝統的な真理の理論のように，同値図式以外に別の理論を追加する必要性はどこにもない．それゆえ，ミニマルな理論は極めてシンプルでありながら，真理についての一般的事実を余すところなく捉えることができる完全な真理の理論だとされる．

　このようなミニマリズムはいくつかの際立った特徴を持っている．第一に，先述した通り，ミニマリズムは真理に対するあらゆる明示的定義や概念的分析，還元的分析を拒否する．したがって，ミニマリズムによれば，「真である」という語と置き換えられる別の表現は存在せず，また「真であるとは F である」という形で真理をより基礎的なものへと還元することもできない．真理概念は定義不可能，還元不可能でありながら，同値図式の諸事例を受け入れる私たちの「傾向性」によって構成されるものである．

　第二に，ミニマリズムは真理を説明する際に，指示や論理的妥当性といった真理と関係した概念を用いない．これらの概念についての理論と真理の理論は独立しており，したがって別々に議論されるべき問題である．ミニマリズムによれば，真理述語の意味はあくまで同値図式によって与えられる．

　第三に，ミニマリズムの諸公理（同値図式の諸事例）を特定の命題として定式化することはできるが，ミニマリズム自身を明示的に定式化することはでき

ない．というのも，ミニマリズムは無限に多くの公理を含む上，公理の中には現在の言語では表現できない命題（未来に発見される事実に関する命題等）も含まれていると考えられるからである．

　この三つの特徴のうちの第一の特徴（真理概念が定義不可能，還元不可能であるということ）と，第三の特徴（公理があまりにも多すぎて理論全体を定式化することができないということ）は，ミニマリズムに対する不信感の源泉であるように思われる．事実，もしミニマリズムが真理の定義を与えるつもりならば，この不信は正当である．しかしミニマリズムが目的としているのは定義を与えることではない．そうではなく，真理述語にその意味を与える用法に関する事実を特定することがミニマリズムの目的である．そしてその用法に関する事実とは単に，同値図式の諸事例を受け入れる基本的な傾向性である．この傾向性に基づいて真理に関するあらゆる事実を説明することができたならば，それは真理を（暗黙的に）定義したことに相当する．

4　本書の内容紹介

　「第1章　ミニマルな理論」では，まず上記に説明したような真理のミニマリズムをスケッチし，次に伝統的な真理概念を紹介，批判し，最後に第2章以後で詳しく扱うミニマリズムに対する批判について概観する．

　第2章から第7章までは，ミニマリズムに対する反論や疑問を39個取り上げて，それに一つずつ回答してゆく．何が問題なのか，問題にどのように回答しているのかが，読み取りにくい節もあるので，以下に簡潔に解説しておきたい．

　「第2章　適切な定式化」では，真理が述語づけられるのは何か，ミニマリズムの公理は何か，真理のミニマリズムでは，真理を定義できないのはなぜか，それでも同値図式で十分なのはなぜかなどを説明する．

　問題1　真理が帰属する対象が何であるかが問われる．ホーリッジの答えは命題を真理の担い手とするというものだが，このことを前提としないでもミニマリズムは主張可能だと補足する．

　問題2　ミニマリズムの基礎的な公理は何であるか，という問いに対して，ホーリッジは同値図式の諸事例すべてがミニマリズムの公理であると主張する．

　問題3　同値図式の諸事例では，真理についてのあらゆる事実を説明することができないのではないかという疑問が提出される．これに対してホーリッジ

は，同値図式以外のどんな原理も用いずに真理に関するすべての事実を説明することが可能であることを証明する．

　問題4　指示や論理的妥当性といった真理と関係した諸現象についてミニマリズムは何も説明しないためミニマリズムは不十分である，という批判が検討される．ここでホーリッジは，真理に関する理論と指示や論理的妥当性に関する理論は独立していると主張し，ミニマリズムが指示や論理的妥当性について語らないのは正当である，と主張する．

　問題5　ミニマリズムはその公理が無限に多いと主張するが，それらを一般化することでコンパクトにすることができるのではないか，という疑問が検討される．ホーリッジは，代入量化を用いる方法や，ミニマリズムを単一の命題として定式化する方法，命題の真理をその部分の指示や結合の仕方から定義する方法などを検討する．その結果，いずれもミニマリズムを有限な公理で定式化することはできないと分かる．

　問題6　もし真理の余剰説が正しく，「『p』が真である」が「p」とまったく同一の意味を持つとしたら，なぜ私たちの言語に「真である」という述語が存在するのかが説明できない，という反論が提示される．これに対してホーリッジは真理の余剰説に反対し，真理の有用性を認める．真理の有用性は，代入量化のようなそれ自体解明が必要なものなしに，命題を一般化する方法を提供することにある．

　問題7　ミニマルな理論は，真理述語の適用可能性に対する必要十分条件を与えないので，真理の帰属が何を意味しているのかの特定に失敗する，という批判が検討される．ホーリッジによれば，ミニマルな理論は明示的かつ還元的な形では真理の定義を与えないため，真理述語の適用に対する必要十分条件を提供しないということはまったく正しい．しかしながら，同値図式の諸事例を受け入れる傾向性が真理の適用可能性を決定するため，ミニマルな理論は真理の帰属が意味していることの特定に失敗しているとみなすことは誤りだと主張する．

　問題8　ミニマリストの構想は，真理概念と真理述語のどちらに関係しているのか，が問われる．ホーリッジによれば，その両方と関係しており，ミニマルな理論は真理述語の意味や真理概念を理解するとはどういうことか，ということに対する基礎を提供する．

　問題9　真理が性質であるかどうか，が問われる．ホーリッジは，真理が性

質を持たないとすることはミニマリズムの一部ではないと主張するが，真理を自然的性質だと捉えることは誤りであるとする．

問題10　ミニマリズムの公理はパラドクスを引き起こす事例も含むのかどうか，について検討する．結論としては，パラドクスを引き起こさない同値図式の諸事例のみがミニマリズムの公理である．

「第3章　真理概念の説明的役割」では，真理概念は，科学的説明において用いられているが，その際デフレ主義では真なる信念と行為の成功や科学的な説明の成功との関係を説明できないという反論が検討される．

問題11　「真なる信念が行為の成功を容易にする」という一般法則は説明される必要があるが，ミニマリズムがこの説明を与えることができるかどうか，が議論される．ホーリッジは，ミニマルな理論はごく一般的な導出規則と同値図式によって上の一般法則は説明可能だと主張する．

問題12　「ある方法での探求の結果として得られる信念は，真である傾向がある」という一般法則がどのようにミニマリズムの観点から説明されるのか，が問われる．ホーリッジによれば，問いに対して良い状況では適切に応答するよう教育され得ることは生物学的な事実であり，そのように人間の一部が教育されていることは社会的な事実である．このことを説明する際に，ミニマリズムを越え出るものは必要としない．

問題13　科学理論の成功がその真理に言及して説明されることは，ミニマリズムと調和するのかどうかが検討される．例えば，「光よりも早いものは存在しない」という理論の成功は，「「光よりも早いものは存在しない」ということは真である」と言うことで説明可能である．この真理に対してミニマリズムは同値図式を用いて，「「光よりも早いものは存在しない」という理論がうまく機能するのは，光よりも早いものが存在しないからである」と説明可能である．したがって，こうした真理を説明する際に，ミニマリズムが前提する以上のことは必要としない．

問題14　ミニマルな理論が真理についてのあらゆる事実を説明できるとしても，このことはミニマルな理論が想定する以上のより複雑な理論は存在しないということを意味するわけではない，という反論を検討する．ホーリッジは以下の四つの理由から，そのような理論は存在しないと主張する．第一に，代入量化や指示，「現実性」の観点から真理を分析することでは，ミニマルな理論を改善することができなかったこと．第二に，同値図式はアプリオリで概念

的に基礎的であること．第三に，真理を還元的に分析することは期待できないこと．第四に，真理を特徴づけるために無限に多くの公理が必要なこと．

「第4章　方法論と科学的実在論」では，真理のミニマリズムは，科学の方法論や科学的実在論に関する論争から独立しており，その論争に対する一定の立場と結びついていないことを説明する．伝統的には，真理論は形而上学や認識論や意味論における様々な問題と深く結合しており，分離不可能だと見なされてきたか．それに対してデフレ主義やミニマリズムの真理理解では，真理概念はそれらの問題に関わらない．つまり真理概念の理解は，どのような存在論を採用するか，どのような認識論を採用するか，どのような意味論を採用するか，という問題から独立していると彼は考える．しかも，それらを結びつけて考えてきたことが理論的諸問題の解決を難しくしてきたことを説明する．

問題15では，真理のミニマリズムは真理の非存在の主張になる，という批判に対して，それは真理の「非実質性」を主張するものであっても，非存在を主張するものではないことを指摘する．また，ミニマリズムは真理の相対主義になる，という批判に対しては，ミニマリズムは，すべての命題について，それ自身あるいはその否定が真であることを主張するので，むしろ相対主義を否定すると語る．

問題16では，ミニマリズムは反実在論的ではないのか，という批判に対して，自然的反実在論の立場は，特定の真理の理解と結びついていないこと，つまり真理のミニマリズムと結びついてないことを指摘する．

問題17では，「真理」と「実在」は互いに意味論的に分離不可能である，という批判に対して，構成主義の真理理解も，真理を原初的で非認識的な性質と考える真理理解も，それらから同値図式を説明するためには付加的な前提を必要とする，つまり，ミニマリズムの真理理解は，実在の理解から独立していると，答える．

問題18では，ミニマリズムは，私たちが理想的探究が真理を生み出すと信じていることを説明できない，という批判に対して，「十分に理想的な探求」という観念は，真理のミニマリズムに基づくことを指摘する．

問題19では，ミニマリズムは，真理が内在的な価値を持ち，実践的な有用性からは離れて望ましいものであることを説明できない，という批判に対して，ミニマルな真理の理論は，確かに真理の内在的な価値を説明することが難しいが，その原因は，「内在的な価値」という概念があいまいであることによるの

であって，ミニマルな真理理論にあるのではない，と反論する．

問題20では，ミニマリズムは，科学の進歩の観念をどのように取り込むことができるのか，という問題に対して，ミニマリズムは科学の進歩の観念を証明しないが，しかしその観念と両立可能である，と答える．

問題21では，もしミニマリズムを採用すると，科学的方法についてのフリードマンが考えたような正当化は無効になる，という反論に対して，ホーリッジは，フリードマンが考えた科学的方法の正当化を批判することで答える．

「第5章　意味と論理」では，意味論の広範な諸問題，(a) 理解の本性，(b) 論理学の基礎，(c) 空名，(d) 曖昧さ，(e) 倫理的主張の身分，を取り上げる．

(a) 理解の本性に関しては，問題22で真理条件意味論からの反論を取り上げる．真理条件意味論では，文の意味の理解は，その真理条件を理解することであり，これは真理概念の理解を前提する．しかし，ミニマリズムでは，真理概念の理解は，同値図式の公理を理解することであり，それは文の意味理解を前提する．ゆえに，この二つは両立しえない．したがって，真理条件意味論は，真理のミニマリズムを批判することになる．この批判に応えるために，ホーリッジは文の真理条件がどのようなものなのかを説明できていないと真理条件意味論を批判し，文の意味についての使用説を主張する．

(b) 論理学の基礎については，問題23で真理のミニマリズムが「偽」と「否定」を循環に陥ることなくうまく説明できることを示す．つまり彼は，偽を説明するときに否定を用いるが，否定を説明するときには偽を用いないでできることを示すことによって，答える．問題24，25では，論理学の正当化の議論が，実質的な真理概念を前提する必要がないことを示して，ミニマリズムへの脅威とならないことを示す．

(c) 曖昧さに関しては，問題26，27，28で，ミニマリズムは真理ギャップを扱えない，という批判に対して，ミニマリズムによって真理値ギャップがないことを証明し，その立場から空名の問題やソリテス・パラドクスを解決できることを示す．

(d) 倫理的主張の身分に関しては問題29で，評価的な発話が真値値をもたないとするとき，これをどう扱えるのか，という批判に対して，ホーリッジは，評価的発話の情緒主義的な理解は，真理のミニマリズムと両立可能であると答える．

「第6章 命題と発話」では，命題を扱う．ホーリッジは，ミニマリズムは「真である」という述語をとる主語として，命題だけでなく文や発話や信念などを想定することとも可能である，と考えている．つまり，真理のミニマリズムは，特定の意味論と結合していないということである．ただしホーリッジ自身は，この本では，命題が，「真である」という真理述語の主語になると考える．ところが，命題の存在については，反論ないし疑いが向けられている．そこで，それらの疑念に答えて，命題の存在を擁護することがこの章の目的である．ただし，その詳細については，彼の *Meaning*（1998）を見る必要がある．

問題30では，命題的態度の文の構造が命題の存在を伴うように見えてもそうとは限らない，という反論に対して，彼は，命題の存在を想定することが可能であること指摘する．

問題31では，命題の存在への懐疑の理由の一つは，命題についてのラッセル的理解とフレーゲ的理解の対立であるが，ホーリッジはその対立の解消を提案する．

問題32では翻訳可能性からの反論を扱う．「命題 p が真である iff p」が，真理概念の説明ならば，真理概念の説明は，命題概念の説明を前提する．命題の同一性は，相互翻訳可能性によって説明される．ゆえに，命題概念の説明は，相互翻訳可能性の説明を前提する．ここまでは，ホーウィッチも認めるが，ここで次の反論が生じる．相互翻訳可能性は，同じ真理条件を持つこととして解釈される．つまり，相互翻訳可能性の説明は，真理概念の説明を前提する．ここに説明の循環が生じる．ホーリッジは，相互翻訳可能性を，「使用理論」によって説明するので，相互翻訳可能性の説明は，真理概念の説明を前提しない，と反論する．

問題33では，翻訳が推移的でないとすると，相互に翻訳可能な二つの文が同一の命題を持つとは言えず，したがって命題が存在するとは言えなくなる，という反論に対して，ホーリッジは，厳密言えば，翻訳は推移的であると答える．

問題34では，命題の真理に関してはミニマリズムを認めるとしても発話の真理に関しては説明がなされていない，という批判に対して，ホーリッジは，命題に関する真理の説明と，発話に関する真理の説明は，統一されており，同様にデフレ的である，と答える．

「第7章 「対応」の直観」は，命題（あるいはその他のもの）が真であると

き，何らかの対応があると感じる通常の直観について，論じる．ホーリッジもまたそのような直観を認めるとともに，彼もまた対応関係をみとめる．しかし真理の対応説は，真理のミニマリズムより優れた提案ではないことを示し，仮に対応関係を認めるとしても，そのことは真理のミニマリズムとは独立した事柄であると主張する．

問題35では，言明の真理ないし偽は，実在の外在的側面への関係から生じるのではないか，という批判に対して，彼はそのことを認めるが，それを認めることは，ミニマリズムと矛盾せず，むしろミニマリズムを前提することによって説明できることだ，と答える．

問題36では，言明はそれが対応する事実の存在によって真となるという主張も，ミニマリズムと同程度に明確なのではないか，という批判に対して，彼は「命題 p が真である ↔ p」と「命題 p が真である ↔ p という事実がある」は同じではないことを指摘し，次にウィトゲンシュタインの写像理論のような真理の対応理論が，ミニマリズム以上に魅力的な代替案とならないことを指摘する．

問題37では，地図のような表象は，明らかに，表象されているものに対する対応——構造的類似性——を含んでおり，言語的表象の中にもそのような関係を期待することは道理に適ったことではないのか，という反論に対して，言語的表象と写像的表象の間の差異と類似性を明確に述べ，どちらの場合にも真理のミニマルな理論を超えて行くべき理由がないことを示す．

問題38では，ミニマルな理論は，文の真理が，その諸部分の指示的性質にどのように依存するのかを示すことに失敗する，という批判に対して，彼は，ミニマルな理論は，文の真理値がどのようにその諸部分の指示的な諸性質に関係するのかを示すことができると反論する．タルスキのような真理論は，不必要に複雑で説明上間違っており，真理と指示と充足が互いに分離不可能な仕方で織り合わされているという間違った印象を与えると主張する．

問題39では，指示の用語による真理の定義は，指示関係についての自然的（因果的）理論で補足されて，最後には自然主義的で科学的に信頼できる真理の理論を生み出すかも知れない，という反論に対して，彼は，同値双条件法が基本的なものとして理解されること，また真理のそれ以上の特徴は，対応という性質を含めて，同値双条件法を基礎にして説明されることを指摘する．

「追記」は，本書の初版（1990）発行後に，第二版の序文に記されているよ

うに多くの哲学者から批判が寄せられたのでこれらの批判に応えるためと，初版後はっきりと意味の使用説を採用することになったので，それに基づいて主張をより明確にするために，追加された部分である．

追記1 ここでホーリッジは，真理の余剰説を例にとり，その欠陥を指摘しながら，ミニマリズムとはどのような理論であるかを改めて述べる．彼によれば，真理の余剰説とは異なりミニマリズムは，真理が余剰ではないこと，「『p』が真である」と「p」が同じ意味を持たないこと，真理が性質を持っていることを認める立場である．

追記2 ミニマリズムは真理概念の適切な説明を与えるかどうか，が問われる．これに対してミニマリズムは，同値図式の諸事例を受け入れる傾向性が真理概念を構成すると説明する．

追記3 問題1と同様，何が真理の担い手か，という問いに対してホーリッジは命題だと応答する．その主要な理由は，日常言語において真であると言われたり思われたりすることは命題だからである．さらにホーリッジによれば，命題の概念は，真理に関係する諸概念（真理，指示，充足）に先立つとされる．

追記4 命題的真理，発話の真理，行為の真理のうち，どれが基礎的な真理であるか，を検討する．結論としては，命題的真理から他の真理を説明する順番が日常言語と一致するものの，この順番は強制的ではなく，またどの真理からも別の真理を説明することが可能である．

追記5 ミニマリズムは真理それ自体の本性について語るべき何かを持っているのか，という問題に対して，真理の場合，真理概念についての理論と真理の性質についての理論は一致すると応答する．その後ミニマリズムに対する批判をいくつか取り上げる．嘘つきのパラドクスの処理とミニマルな理論が無限の公理が含むことについては，それぞれ問題10と問題5で既に述べたとおりである．ミニマルな理論では「『$p \to p$』という形式のすべての命題は真である」のような一般的事実を説明することができないという批判に対しては，命題という観点から鑑みると，諸命題それぞれにある性質Fを帰属させる前提の集合から，すべての命題がFを持つという結論へと導く真理-保存的推論規則が存在すると想定することはもっともだと答える．真理をより基礎的なものへと還元することが可能ではないかという主張に対しては，同値図式はアプリオリかつ概念的に基礎的なので，そうした還元は期待できない，と応答する．

追記6 ミニマリズムは真理がなぜ望まれるのかを説明することができるか

どうか，が問われる．ホーリッジによれば，前件が主体の管理下にある可能的行為を記述し，その後件が実現することが望まれる事態を記述する直接的行為指針命題は，真理を保存する推論規則によって他の信念から導出される．このとき，私たちのどの信念もそうした推論の前提になり得るため，私たちは自身の信念が真であることを望む，と説明される．

追記7　経験的一般化の存在は，真理が何らかの基底的本性を持つことを示しているのではないか，という批判に対して，ホーリッジは，真理に関する一般化が真理の分析によって説明されると考えることは誤りだと応答する．そのような一般化は，より基礎的な図式と同値図式の諸事例によって説明される．

追記8　真理は性質なのか，という問いに対しては，問題19で述べたとおり，ミニマリズムはこれに対する特定の回答を持たない，と応答する．ミニマリズムが唯一主張するのは，真理は解明を要するような自然的な性質ではない，ということだけである．

(入江幸男，原田淳平)

後書き

　本書は，ホーリッジの *Truth*（Oxford: Clarendon Press, 2nd ed. 1998）の翻訳である．本書の翻訳のきっかけになったのは，入江が 2012 年に大阪大学で哲学演習のテキストに使用したことである．共訳者の原田はその時の参加者の一人である．原田が真理論を専門に研究し始めたこともあって，その後，二人で翻訳を出そうということになった．

　翻訳は，序文と第 1 章を二人で共同で翻訳し，訳語や文体についてのおおよそ統一を図った後，第 2, 3 章，追記を原田が担当し，第 4, 5, 6, 7 章と結論を入江が担当して下訳を行い，最終的には全体を二人でチェックして仕上げた．解説についても，ホーリッジの経歴の部分と後半の批判に対する応答の部分は入江が担当し，他の部分は原田が担当し，最終的には全体を二人でチェックして仕上げた．その意味で，訳文と解説の全体にわたって文責は二人にある．

　なお原田は，2014 年 12 月に NYU のホーリッジを訪問し，翻訳にあったっての疑問点を確認し，その後気づいた不明箇所についてはメイルで確認した．ホーリッジ教授の丁寧な対応に感謝したい．また大阪大学博士後期課程の仲宗根勝仁さんに，訳文の読みやすさなどをチェクしてもらったことにも感謝したい．

　勁草書房の渡邊光さんには，下訳段階からいろいろなご相談に乗っていただき，深く感謝申し上げます．この翻訳が機縁となって，真理のデフレ主義やミニマリズムや，真理論そのものへの関心が広がれば，訳者にとってこの上ない喜びです．

入江幸男，原田淳平

2015 年 9 月 30 日

文献一覧

Austin, J. L. (1950) Truth. *Proceedings of the Aristotelian Society Supplementary* 24: 111-124. (「真理」信原幸弘訳,『オースティン哲学論文集』勁草書房, 1991)
―, (1961) Unfair to Facts, *Philosophical Papers*. Oxford: Oxford University Press.
Ayer, A. J. (1935) The Criterion of Truth. *Analysis* 3(1): 28-32.
―, (1936) *Language, Truth and Logic*. London: Dover. (『言語・真理・論理』吉田夏彦訳, 岩波書店, 1955)
―, (1963) Truth, *The Concept of a Person and Other Essays*. London: Macmillan.
Baldwin, T. (1989) Can There Be a Substantive Theory of Truth. In *Recherche sur la philosophie et le Language*. 10 Grenoble: Universit_e des Sciences Sociales de Grenoble.
Barwise, J., and Perry, J. (1983) *Situations and Attitudes*. Cambridge, Mass.: MIT Press.
Black, M. (1948) The Semantic Definition of Truth, *Analysis*, 8: 49-63.
Blackburn, S. (1984) *Spreading the Word*. Oxford: Oxford University Press.
Blackburn, T. (1988) The Elusiveness of Reference, in P. French, T. Uehling, and H. Wettstein, eds., *Midwest Studies in Philosophy*, 12. Minneapolis, Minn.: University of Minnesota Press.
Blanshard, B. (1939) *The Nature of Thought*. ii London: Allen & Unwin.
Block, N. (1986) Advertisement for a Semantics for Psychology, in P. French, T. Uehling, and H. Wettstein, eds., *Midwest Studies in Philosophy*, 10. Minneapolis, Minn.: University of Minnesota Press.
Boghossian, P. (1990) The Status of Content, *Philosophical Review*, 99: 157-84.
Bradley, F. H. (1914) *Essays on Truth and Reality*. Oxford: Oxford University Press.
Brandom, R. (1984) Reference Explained Away, *Journal of Philosophy*, 81: 469-92.
―, (1988) Pragmatism, Phenomenalism and Truth Talk. In Frence, P., Uehling, T., & Wettstein, H. (eds.) *Midwest Studies in Philosophy*. 12 Minneapolis, Minn.: University of Minnesota Press.
―, (1994) *Making it Explicit*. Cambridge, MA: Harvard University Press.
Broad, C. D. (1914) Mr. Bradley on Truth and Reality, *Mind*, 23: 349-70.
Burge, T. (1979) Individualism and the Mental, in P. French, T. Uehling, and H. Wettstein, eds., *Midwest Studies in Philosophy*, 4. Minneapolis, Minn.: University of Minnesota Press.
Carnap, R. (1942) *Introduction to Semantics*. Cambridge, Mass.: Harvard University Press.
―, (1947) *Meaning and Necessity*. Chicago, Ill.: University of Chicago Press.
Cartwright, R. (1962) Propositions. repr. (1987) in his *Philosophical Essays*. Cam-

bridge, MA.: MIT Press.
——, (1987) A Neglected Theory of Truth, *Philosophical Essays*. Cambridge, Mass.: MIT Press.
Cohen, J. (1950) Mr. Strawson's Analysis of Truth. *Analysis* 10: 136-144.
Cousin, D. R. (1959/60) Carnap's Theories of Truth, *Mind* 59: 1-22.
Davidson, D. (1967) Truth and Meaning, *Synthese*, 17: 304-23. Repr. in Davidson (1984).
——, (1969) True to the Facts. *Journal of Philosophy* 66: 748-764. (「事実との一致」『真理と解釈』勁草書房, 1991)
——, (1984) *Inquiries into Truth and Interpretation*. Oxford: Clarendon Press.
——, (1990) The Structure and Content of Truth, *Journal of Philosophy*, 87: 279-328.
——, (1996) The Folly of Trying to Define Truth, *Journal of Philosophy*, 93: 263-78.
Devitt, M. (1984) *Realism and Truth*. Princeton, N. J.: Princeton University Press.
——, (1991) Deflationist Truth: A Critical Notice of Paul Horwich's *Truth, Mind and Language*, 6: 273-83.
—— and Sterelny, K. (1989) *Language and Reality*. Cambridge, Mass.: MIT Press.
Dewey, J. (1916) *Essays in Experimental Logic*. Chicago, Ill.: Dover.
——, (1938) *The Theory of Inquiry*. New York: Irvington.
Dretske, F. I. (1981) *Knowledge and the Flow of Information*. Cambridge, Mass.: MIT Press.
Duhem, P. (1954) *The Aim and Structure of Physical Theory*. Princeton, NJ: Princeton University Press. First published in 1906.
Dummett, M. (1959) Truth. *Proceedings of the Aristotelian Society* 59: 141-162, repr. in Dummett (1978). (「真理」『真理という謎』藤田晋吾訳, 勁草書房, 1986)
——, (1975) What is a Theory of Meaning? Part I, in S. Guttenplan, ed., *Mind and Language*. Oxford: Oxford University Press.
——, (1976) What is a Theory of Meaning? Part II, in G. Evans and J. McDowell, eds., *Truth and Meaning: Essays in Semantics*. Oxford: Oxford University Press.
——, (1977) *Elements of Intuitionism*. Oxford: Oxford University Press.
——, (1978) *Truth and Other Enigmas*. Cambridge, Mass.: Harvard University Press.
Evans, G. (1982) *The Varieties of Reference*. Oxford: Oxford University Press.
——, (1985) *Collected Papers*. Oxford: Oxford University Press.
Ezorsky, G. (1963) Truth in Context. *Journal of Philosophy* 60: 113-135.
Field, H. (1972) Tarski's Theory of Truth. *Journal of Philosophy* 69: 347-375.
——, (1977) Logic, Meaning and Conceptual Role, *Journal of Philosophy*, 74: 379-409.
——, (1986) The Deationary Conception of Truth. In MacDonald, G. & Wright, C. (eds.) *Fact, Science and Morality*. Oxford: Blackwell.
——, (1992) Critical Notice: Paul Horwich's *Truth*. *Philosophy of Science* 59: 73 321-330.

——, (1994) Deationist Views of Meaning and Content. *Mind* 103: 249-285.
Fine, A. (1984) The Natural Ontological Attitude. In Leplin, J. (ed.) *Scienti_c Realism*. Berkeley, Calif.: University of California Press.
——, (1984) And Not Anti-Realism Either, *Nous*, 18: 51-65.
Fine, K. (1975) Vagueness, Truth and Logic, *Synthese*, 30: 265-300.
Fodor, J. (1984) Semantics, Wisconsin Style, *Synthese*, 59: 231-50.
——, (1987) *Psychosemantics*. Cambridge, Mass.: MIT Press.
Forbes, G. (1986) Truth Correspondence and Redundancy. In MacDonald, G. & Wright, C. (eds.) *Fact, Science and Morality*. Oxford: Blackwell.
Frege, G. (1891) On Function and Concept. In Black, M. & Geach, P. (eds.) *Translations from the Philosophical Writings of Gottlob Frege*. Oxford: Blackwell. (「関数と概念」『フレーゲ著作集 4 哲学論集』勁草書房, 1999)
——, (1892) On Sense and Reference, in *Translations from the Philosophical Writings of G. Frege*, ed. and trans. M. Black and P. Geach. Oxford: Blackwell, 1960.
——, (1918) The Thought. *Mind* 65: 289-311. (「思想」『フレーゲ著作集 4 哲学論集』勁草書房, 1999)
Friedman, M. (1979) Truth and Confirmation, *Journal of Philosophy*, 76: 361-82.
Geach, P. T. (1960) Ascriptivism, *Philosophical Review*, 69: 221-5.
——, (1965) Assertion, *Philosophical Review*, 74: 449-65.
Grover, D., Camp, J., & Belnap, N. (1975) A Prosentential Theory of Truth. *Philosophical Studies* 27: 73-125.
Gupta, A. (1982) Truth and Paradox. *journal of Philosophical Logic* 11: 1-60, repr. in R. L. Martin (ed.), *Recent Essays on Truth and tge Liar Paradox*. Oxford: Oxford University Press.
——, (1993a) A Critique of Deflationism, *Philosophical Topics*, 21: 57-81.
——, (1993b) Minimalism. In Tomberlin, J. (ed.) *Philosophical Perspectives*. 7: 359-369.
—— & Belnap, N. (1993) *The Revision Theory of Truth*. Cambridge, MA.: MIT Press.
Harman, G. (1973) *Thought*. Princeton. NJ: Princeton University Press.
——, (1974) Meaning and Semantics, in M. K. Munitz and P. Unger, eds., *Semantics and Philosophy*. New York: New York University Press.
——, (1982) Conceptual Role Semantics, *Notre Dame Journal of Formal Logic,* 23: 242-56.
——, (1987) (Nonsolipsistic) Conceptual Role Semantics, in E. LePore, ed., *New Directions in Semantics*. London: Academic Press.
Hempel, C. (1935) On the Logical Positivist's Theory of Truth, *Analysis*, 2: 49-59.
Hintikka, J. (1962), *Knowledge and Belief*. Ithaca, NY: Cornell University Press.
Hornsby, J. (1997) Truth: The Identity Theory, *Proceedings of the Aristotellan Society*, 97: 1-24.

Horwich, P. (1982a) Three Forms of Realism. *Synthese* 51(2): 181-201.
———, (1982b) Three Forms of Realism. *Synthese* 51: 181-201.
———, (1987) *Asymmetries in Time*. Cambridge, Mass.: MIT Press. (『時間に向きはある か』丹治信春訳, 丸善, 1992)
———, (1990) *Truth*, 1st edn. Oxford: Blackwell.
———, (1991) On the Nature and Norms of Theoretical Commitment, *Philosophy of Science*, 58: 1-14.
———, (1993) Gibbard's Theory of Norms, *Philosophy and Public Affairs*, 22: 67-78.
———, (1994) The Essence of Expressivism, *Analysis*, 45: 19-20.
———, (1995) Meaning, Use and Truth, *Mind*, 104:355-68.
———, (1996) Realism and Truth, in J. Tomberlin, ed., *Philosophical Perspectives*, 10.
———, (1997a) The Composition of Meanings, *Philosophical Review*, 106: 503-31; repr. in Horwich (1998).
———, (1997b) The Nature of Vagueness, *Philosophy and Phenomenological Research*, 57: 929-36.
———, (1997c) Deflationary Truth and the Problem of Aboutness, in E. Villanueva, ed., *Philosophical Issues*, 8: 95-106. Atascadero, Calif.: Ridgeview Publishing Company.
———, (1997d) Realism Minus Truth, *Philosophy and Phenomenological Research*, 56.
———, (1997e) Implicit Definition, Analytic Truth, and Apriori Knowledge, *Nous*, 31: 423-40.
———, (1998) *Meaning*. Oxford: Oxford University Press.
———, (1999) Davidson on Deflationism, in U. Zeglen, ed., *Discussions with Donald Davidson: On Truth, Meaning and Knowledge*. London: Routledge.
Jackson, F., Oppy, G., and Smith, M. (1994) Minimalism and Truth Aptness, *Mind* 103: 287-302.
Jacob, P. (1997) *What Minds Can Do*. Cambrideg: Cambridge University Press.
James, W. (1909) *The Meaning of Truth*. Cambridge, MA.: Harvard University Press.
Kaplan, D. (1969) Quantifying In, in D. Davidson and J. Hintikka, eds., *Words and Objections*. Dordrecht: Reidel.
Katz, J. J. (1972) *Semantic Theory*. New York: Harper&Row.
Kaufman, F. (1948) Rudolf Carnap's Analysis of Truth, *Philosophy and Phenomenological Research*, 9: 294-9.
Kincade, J. (1958) On the Performatory Theory of Truth, *Mind*, 67: 394-9.
Kirkham, R. L. (1992) *Theories of Truth: A Critical Introduction*. Cambridge, MA.: MIT Press.
Kripke, S. (1972) Naming and Necessity, in D. Davidson and G. Harman, eds., *Semantics of Natural Language*. Dordrecht: Reidel.
———, (1975) Outline of a Theory of Truth. *Journal of Philosophy* 72(19): 690-716.
Kuhn, T. S. (1962) *The Structure of Scientific Revolutions*. Chicago, Ill.: University of

Chicago Press.
Leeds, S. (1978) Theories of References and Truth. *Erkenntnis* 13: 111-129.
Lemmon, E. J. (1966) Sentences, Statements, and Propositions, in B. A. O. Williams and A. C. Montefiore, eds., *British Analytic Philosophy*. London: Routledge & Kegan Paul.
Lewis, D. (1972) General Semantics, in D. Davidson and G. Harman, eds., *Semantics of Natural Language*. Dordrecht: Reidel.
Levison, A. B. (1924) Logic, Language and Consistency in Tarski's Theory of Truth, *Philosophy and phenomenological Research*, 25: 384-92.
Loar, B. (1981) *Mind and Meaning*. Cambridge: Cambridge University Press.
——, (1987) Truth Beyond All Verification, in B. Taylor, ed., *Michael Dummett*. Dordrecht: Nijhoff.
Loewer, B (1993) The Value of Truth, in E. Villanueva, ed., *Philosophical Issues*, 4. Atascadero, Calif.: Ridgeview Publishing Company.
Mayo, B. (1959) Truth as Appraisal, *Mind*, 68: 80-6.
McGee, V. (1991) *Truth, Vagueness, and Paradox*. Indianapolis, Ind.: Hackett.
Millikan, R, (1984) *Language, Thought and Other Biological Categories*. Cambridge, Mass.: MIT Press.
Moore, G. E. (1899) The Nature of Judgement. *Mind* 8(30): 176-193.
——, (1910/11) *Lectures, in Some Main Problems of Philosophy*. London: Allen & Unwin, 1953.
——, (1927) Facts and Propositions, *Proceedings of the Aristotelian Society*, supp. vol. 7: 171-206.
Pap, A. (1952) A Note on the "Semantic" and the "Absolute" Concept of Truth, *Philosophical Studies*, 3: 1-8.
——, (1954) Propositions, Sentences, and the Semantic Definition of Truth, *Theoria*, 20: 23-35.
Papineau, D. (1987) *Reality and Representation*. Oxford: Blackwell.
——, (1991) Truth and Teleology. In Knowles, D. (ed.) *Explanation and its Limits*. Cambridge: Cambridge University Press.
Peacocke, C. (1986) *Thoughts*. Oxford: Blackwell.
——, (1992) *A Study of Concepts*. Cambridge, Mass.: MIT Press.
Peirce, C. S. (1905) What Pragmatism Is, *The Monist*, 15: 161-81.
——, (1955) How to Make Our Ideas Clear, in *Philosophical Writings of Peirce*, ed. J. Buchler. New York: Dover.
——, (1932-3) *Collected Papers*, vols. ii-iv. Cambridge, Mass.: Harvard University Press.
Pitcher, G., ed. (1964) *Truth*. Englewood Cliffs, NJ: Prentice-Hall.
Popper, K. (1955) A Note on Tarski's Definition of Truth, *Mind*, 64: 388-91.

―, (1962) *Conjectures and Refutations*. New York: Basic Books.
Putnam, H. (1975) The Meaning of "Meaning", in K. Gunderson, ed., *Language, Mind and Knowledge: Minnesota Studies in the Philosophy of Science*, 7. Minneapolis, Minn.: University of Minnesota Press.
―, (1978) *Meaning and the Moral Sciences*. London: Routledge & Kegan Paul. (『科学的認識の構造―意味と精神科学』藤川吉美訳, 晃洋書房, 1984)
―, (1981) *Reason, Truth and History*. Cambridge: Cambridge University Press.
―, (1983) Vagueness and Alternative Logic, *Philosophical Papers*, vol. iii: *Realism and Reason*. Cambridge: Cambridge University Press.
―, (1988) *Representation and Reality*. Cambridge, Mass.: MIT Press.
Quine, W. V. (1953) *From a Logical Point of View*. Cambridge, Mass.: Harvard University Press.
―, (1960) *Word and Object*. Cambridge, Mass.: MIT Press.
―, (1970) *Philosophy of Logic*. (『論理学の哲学』山下正男訳, 培風館, 1972)
―, (1977) Intensions Revisited, in *Midwest Studies in Philosophy*, 2.
―, (1990) *Pursuit of Truth*. Cambridge, Mass.: Harvard University Press.
Ramsey, F. P. (1927) Facts and Propositions. *Proceedings of the Aristotelian Society Supplementary* 7(1): 153-170. (「事実と命題」『ラムジー哲学論文集』勁草書房, 1996)
―, (1991) The Nature of Truth. In Reacher, N. & Majer, U. (eds.) *On Truth: Original Manuscript Materials (1927-1929) from the Ramsey Collection at the University of Pittburgh*. *Episteme*, 16: 6-16.
Richard, M. (1997) Deating Truth. In Villanueva, E. (ed.) *Philosophical Issues*. 8 Atascadero, Calif.: Ridgeview Publishing Company.
Rorty, R. (1982) *Consequences of Pragmatism*. Minneapolis, Minn.: Minnesota University Press. (『哲学の脱構築―プラグマティズムの帰結』ちくま学芸文庫, 2014)
Russell, B. (1903) *The Principles of Mathematics*. New York: Norton.
―, (1904) Meinong's Theory of Complexes and Assumptions'. *Mind* 13: 204-252, Repr. in D. Lackey, ed., *Essays in Analysis*. New York: Brazilier, 1973.
―, (1905) On Denoting. *Mind* 14(56): 479-493. (「表示について」『言語哲学重要論文集』春秋社, 2013)
―, (1906) On the Nature of Truth and Falsehood, repr. in his *Philosophical Essays* (1966) New York: Simon & Schuster.
―, (1919) On Propositions: What They Are and How They Mean, *Proceedings of the Aristotelian Society*, supp. vol. 2: 1-43.
Ryle, G. (1929) Are There Propositions?, *Proceedings of the Aristoterlian Society*, 30: 91-126.
Schiffer, S. (1994) A Paradox of Meaning, *Nous*, 28: 279-34.
Schlick, M. (1935) Facts and Propositions, *Analysis*, 2: 65-70.
Searle, J. R. (1958) Proper Names, *Mind*, 63: 166-73.

―, (1962) Meaning of Speech Acts, *Philosophical Review*, 71: 423-32.
―, (1978) Literal Meaning, *Erkenntnis*, 13: 207-24.
Sellars, W. (1954) Some Reflections on Language Games, *Philosophy of Science*, 21: 204-28.
―, (1962) Truth and "Correspondence", *Journal of Philosophy*, 59: 29-56.
Smith, M. (1994a) Why Expressivists about Value Should Love Minimalism about Truth, *Analysis*, 54: 1-12.
―, (1994b) Minimalism, Truth-Aptitude, and Belief, *Analysis*, 54: 21-6.
Soames, S. (1984) What is a Theory of Truth, *Journal of Philosophy*, 81: 411-29.
―, (1997) The Truth about Deflationism, in E. Villanueva, ed., *Philosophical Issues*, 8. Atascadero, Calif.: Ridgeview Publishing Company.
Stalnaker, R. (1984) *Inquiry*. Cambridge, Mass.: MIT Press.
Stampe, D. W. (1977) Toward a Causal Theory of Linguistic Representation, *Midwest Studies in Philosophy*, 2: 42-63.
Sterelny, K. and Devitt, M. (1989) *Language and Reality*. Cambrige, Mass.: MIT Press.
Strawson, P. F. (1950) Truth. *Proceedings of the Aristotelian Society Supplementary* 24: 129-156.
―, (1964) A Problem about Truth: A reply to Mr. Warnock. In Pitcher, G. (ed.) *Truth*. Englewood Cliffs, N. J., Prentice-Hall.
Tarski, A. (1943/4) The Semantic Conception of Truth: and the Foundations of Semantics. *Philosophy and Phenomenological Research* 4(3): 341-376.
―, (1958) The Concept of Truth in Formalized Languages. In *Logic, Semantics, Metamathematics: Papers from 1923 to 1938*. Oxford: Oxford University Press.
Thomson, J. F. (1948) A Note On Truth. *Analysis* 8: 67-72.
Ushenko, A. (1944) A Note on the Semantic Conception of Truth, *Philosophy and Phenomenological Research*, 4: 104-7.
van Fraassen, B. (1980) *The Scientific Image*. Oxford: Oxford University Press.
van Inwagen, P. (1988) On Always Being Wrong, in P. French, T. Uehling, and H. Wettstein, eds., *Midwest Studies in Philosophy*, 12. Minneapolis, Minn.: University of Minnesota Press.
Walsh, W. H. (1952) A Note on Truth, *Mind*, 61: 72-4.
Warnock, G. (1964) A Problem about Truth. In Pitcher, G. (ed.) *Truth*. Englewood Cliffs, N. J., Prentice-Hall.
White, A. R. (1957) Truth as Appraisal, *Mind*, 66: 318-30.
Williams, B. (1996) Truth in Ethics, *Ratio*, 8: special issue, *Truth in Ethics*, ed. Brad Hooker, 227-42.
Williams, M. (1986) Do We (Epistemologists) Need a Theorfy of Truth. *Philosophical Topics* 14(14): 223-242.

Williamson, T. (1994) *Vagueness*. London Routledge.
Wittgenstein, L. (1922) *Tractatus Logico-Philosophicus*. London: Routledge & Kegan Paul. (『論理哲学論考』野矢茂樹訳, 岩波書店, 2003)
——, (1953) *Philosophical Investigations*. Oxford: Blackwell. (『哲学探究』藤本隆志訳, 大修館書店, 1976)
Wright, C. (1987) Further Reflections on the Sorites Paradox, *Philosophical Topics*, 15: 227-90.
——, (1988) Realism, Antirealism, Irrealism, Quasi-realism. *Midwest Studies in Philosophy* 12(1): 25-49.
——, (1992) *Truth and Objectivity*. Cambridge, MA: Harvard University Press.
——, (1996) Responses to Commentators, *Philosophy and Phenomenological Research*, 56: 863-8, 911-41.
Ziff, P. (1962) *Semantic Analysis*. Ithaca, N.Y.: Cornell University Press.

人名索引

* ア行
ウィトゲンシュタイン　Wittgenstein, L. | ii, 2, 6, 9, 103, 115, 117, 124
ウィリアムズ　Williams, B. | i, 69, 153
ウィリアムズ　Williams, M. J. | iv, 6, 58, 73
ウィリアムソン　Williamson, T. | 89
エイヤー　Ayer, A. J. | ii, 6, 42, 135
エゾルスキ　Ezorsky, G. | 43
オースティン　Austin, J. L. | 9
オピー　Oppy, G. | 93

* カ行
カートライト　Cartwright, R. | 11
カッツ　Katz, J. J. | iv
カプラン　Kaplan, D. | 102
キャンプ　Camp, J. | 6, 29, 138
キルクハム　Kirkham, R. L. | 134
クーン　Kuhn, T. S. | iv, 70
グプタ　Gupta, A. | i, 26, 46-7, 133, 137, 141, 151
クリプキ　Kripke, S. | 46, 125-6
グローバー　Grover, D. | 6, 29, 138
クワイン　Quine, W. V. | ii, 6, 10, 84, 86, 102-3, 109-10, 135
コーエン　Cohen, J. | 43

* サ行
サール　Searle, J. R. | 110
ヤコブ　Jacob, P. | iv
ジェイムズ　James, W. | 10
ジフ　Ziff, P. | 43
シファー　Schiffer, S. | 144
ジャクソン　Jackson, F. | iv, 90, 93
スタルネイカー　Stalnaker, R. | iv
スタンプ　Stampe, D. W. | 126
ステレルニー　Sterelny, K. | 49
ストローソン　Strawson, P. | ii, 6, 42, 135
スミス　Smith, M. | 93
セラーズ　Sellars, W. | 103, 118, 124
ソームズ　Soames, S. | i, 6, 133, 151

* タ行
ダメット　Dummett, M. | iii, 10, 51, 64, 75, 81, 84, 91-2, 133, 153, 164
タルスキ　Tarski, A. | 9, 30, 43, 46, 62, 115, 121
デイヴィドソン　Davidson, D. | i, 9, 75, 115, 121-2, 133, 146-7, 153
デヴィット　Devitt, M. | i, 10, 62, 124, 133, 155
デューイ　Dewey, J. | 10
デュエム　Duhem, P. | 62
トムソン　Thomson, J. F. | 43
ドレツキ　Dretske, F. I. | 126

* ハ行
バージ　Burge, T. | iv, 125
パース　Peirce, C. S. | 63
ハーマン　Harman, G. | 77, 103, 105
バーワイズ　Barwise, J. | 110
パットナム　Putnam, H. | iii, 10, 49, 51, 53, 58, 64-6, 81, 91, 110, 164
パピノー　Papineau, D. | 11, 55
ピーコック　Peacocke, C. | 103
ヒンティッカ　Hintikka, J. | 102
ファイン　Fine, A. | iv, 6
ファイン　Fine, K. | 91-2
ファン インワーゲン　Van Inwagen, P. | 66
ファン フラーセン　Van Fraassen, B. | 62
フォーダー　Fodor, J. | 126
フォーブズ　Forbes, G. | 29
ブラック　Black, M. | 30
ブラックバーン　Blackburn, S. | 60
ブラックバーン　Blackburn, T. | 126
ブラッドレイ　Bradley, F. H. | 10
ブランダム　Brandom, R. | 6, 29, 138
フリードマン　Friedman, M. | 70-3
フレーゲ　Frege, G. | ii, 6, 19, 31, 42, 80-1, 86, 100-1, 117-8, 124, 126, 135
ブロック　Block, N. | iii, 104
ペリー　Perry, J. | 110
ベルナップ　Belnap, N. | 6, 29, 46, 138-9
ヘンペル　Hempel, C. | 10
ホーリッジ　Horwich, P. G. | 6, 38, 62, 68, 89, 93, 146-7
ボールドウィン　Baldwin, T. | 6, 29
ホーンズビー　Hornsby, J. | 117
ボゴシアン　Boghossian, P. | i, 133, 157-8
ポパー　Popper, K. | 62

* マ行
マクギー　McGee, V. | 46
ムーア　Moore, G. E. | iv, 11, 39, 117, 153

* ラ行
ライト　Wright, C. | I, 51, 133, 153, 158-9
ラッセル　Russell, B. | iv, 11, 32, 37, 86, 100-1, 117-8, 124
ラムジー　Ramsey, F. | 6, 42, 135
リーズ　Leeds, S. | 6, 10, 55
リチャード　Richard, M. | i, 133, 142-3
ロアー　Loar, B. | 6

ローティ　Rorty, R. | 11
ローワー　Loewer, B. | 155

＊ワ行
ウォーノック　Warnock, G. | 43

事項索引

* あ行

暗黙的定義 | 37, 80, 134, 139, 146, 153, 160
曖昧さ | i, 7, 14, 67, 74, 89, 110, 132
曖昧性 | 85, 87-92, 101, 106
曖昧性論理 | 91
意味の使用理論 | 77, 89, 104, 106, 140, 145-6
意味論的上昇 | 10
引用解除図式 | 15, 109-12, 148-9, 157
ウィーン学団 | 62
嘘つきのパラドクス | i, 7, 14, 19, 44, 47, 150

* か行

懐疑主義 | 61-5, 113, 152
科学的実在論 | iii, 7-8, 57, 62, 64, 77, 132
還元主義 | 58
還元的経験主義 | 62
科学の進歩 | 69-70
確定的（determinate）真理 | 92
共約可能 | 70
偽 | 78-80
空名 | 14, 74, 86, 142
形式主義 | 60
原子的定義 | 37
検証主義者の理論 | 133
検証可能性 | 63
原初主義的説明 | 13
言表に関する（de dicto）| 100, 126, 145
現象主義 | 59, 61
現象論 | 62
構成主義 | 10, 13, 63-8
構成主義者の理論 | 10, 67
構成主義的説明 | 13, 63
構成的経験主義（constructive empiricism）| 61
行動主義 | 59-61
古典論理 | 45, 81, 85-91

* さ行

錯誤理論（error theory）| 61
実践的三段論法 | 25
述語の代用 | 5
真理条件 | 14, 60, 63, 75-7, 93, 102, 105, 108, 110, 122, 146, 155
真理条件意味論 | 146
真理図式 | 134, 137-43, 149, 153
真理の余剰説 | ii, 65
真理表 | 78-9, 82
真理値ギャップ | 84-6

事象に関する（de re）| 100, 145
自分についての（de se）| 101, 145
自然主義 | 12-4, 57, 73, 77, 124, 126, 128-9, 156
自然主義的還元 | 73, 128-9
実質性（substantiality）| 58
実在論 | iii, 7-9, 14, 57-66, 73, 77, 119, 132, 161
自律性（autonomy）| 60, 63, 65
消去主義 | 60
情緒主義 | 60, 85, 92-3, 132
充足理由律 | 90
主張可能性条件 | 65, 67, 76-7, 83, 93, 103
準実在論 | 60
証明可能性 | 63-4
整合説 | 10-1, 13, 17, 133, 157
相対主義 | 57-8, 60
ソリテス・パラドクス | 89-90, 92

* た行

対応説 | 13, 15, 17, 115, 117, 121, 123, 128-9, 133, 157
対応の直観 | 121
対象量化 | 35-6
代入量化 | 5, 28-9, 31, 35-6, 38, 43, 47, 123, 127, 138-9
脱名詞化 | 5
直観主義 | 58-60, 81, 83, 91
　数学的直観主義 | 58
　直観主義論理 | 81, 91
デフレ主義 | i, iii-iv, 14, 17, 41, 71, 134-5, 139, 141, 147
デフレ的理論 | 13-4, 17, 128-9
投影原理 | 148
同値図式 | 7-8, 11, 13, 21, 23-7, 30, 32-4, 39-40, 44-6, 55-6, 64-6, 71, 83-4, 93, 112, 131, 139, 144, 146, 148-53, 155-6, 158-60
道具主義 | 59-60, 62
投影主義 | 60

* な行

認識論的接近可能性 | 60

* は行

排中律や二値原理 | 88-9
パラドクス → 嘘つきのパラドクス
非実質性 | 58
反実在論 | 14, 57-65, 161
　自然的反実在論 | 61-2
非事実主義（nonfactualism）| 60
非認知主義 | 60, 92
表出主義 | 92
否定 | 78-80
評価的な発話 | 92
不透明な文脈 | 21, 35

プラグマティストの理論｜133
プラグマティズム的説明｜13
文（の）代用｜5, 139
文脈依存性｜145
文脈的定義｜37, 57
不確定性｜88-91, 104, 106, 161

＊ま行
ミニマリズムの構想｜ii, 1, 7-9, 17, 40-1, 47-8, 51, 54, 56, 58, 62-3, 133, 157
ミニマルな理論｜1, 8, 15, 19-23, 26-7, 31-3, 36, 40, 46-7, 49, 51-2, 55-6, 66, 68, 73, 80, 83, 85, 111-2, 116, 118-21, 124, 150-1
無矛盾原理｜80

＊ら行
理論の決定不可能性｜63
理想的探求｜66-7
論理主義｜58, 61

＊や行
唯物論｜58
余剰　→　真理の余剰説

著者略歴

ポール・ホーリッジ（Paul Horwich）
1947 年英国生まれ．ニューヨーク大学（NYU）教授．著書には本書以外に，*Asymmetries in Time*（MIT Press, Bradford Books, 1987，邦訳『時間に向きはあるか』丸善株式会社），*Meaning*（Oxford University Press, 1998），*Wittgenstein's Metaphilosophy*（Oxford University Press, 2012）などがある．

訳者略歴

入江幸男（いりえ・ゆきお）
1953 年香川県出身．大阪大学大学院文学研究科博士課程修了，大阪大学大学院文学研究科教授．著書に『ドイツ観念論の実践哲学研究』（弘文堂，2001 年），論文に 'Transcendental Arguments Based on Question-Answer Contradictions'（*Transcendental Inquiry: Its History, Methods and Critiques*, ed. by H. Kim and S. Haelzel, Palgrave Macmillan, 2016（近刊）など．

原田淳平（はらだ・じゅんぺい）
1985 年生まれ，神奈川県出身．大阪大学文学研究科博士後期課程単位取得退学，大阪大学産学連携本部イノベーション部特任研究員．論文に「真理の多元主義は包括的真理をどのように扱うのか――混合連言の問題をめぐって」『待兼山論叢』第 46 号，2012，「真理はいかにして多元的でありうるのか――真理の多元主義自体の多元性の考察」『哲学の探求』，哲学若手研究者フォーラム発行，第 41 号，2014．

真理

2016年5月30日　第1版第1刷発行

著　者　ポール・ホーリッジ
訳　者　入江　幸男
　　　　原田　淳平
発行者　井村　寿人

発行所　株式会社　勁草書房
112-0005 東京都文京区水道 2-1-1　振替 00150-2-175253
（編集）電話 03-3815-5277／FAX 03-3814-6968
（営業）電話 03-3814-6861／FAX 03-3814-6854
大日本法令印刷・松岳社

© IRIE Yukio, HARADA Junpei 2016

ISBN978-4-326-10251-8　Printed in Japan

JCOPY ＜(社)出版者著作権管理機構 委託出版物＞
本書の無断複写は著作権法上での例外を除き禁じられています。
複写される場合は、そのつど事前に、(社)出版者著作権管理機構
（電話 03-3513-6969、FAX 03-3513-6979、e-mail: info@jcopy.or.jp)
の許諾を得てください。

＊落丁本・乱丁本はお取替いたします。

http://www.keisoshobo.co.jp

M・M・ハーレー，D・C・デネット，R・B・アダムズ
ヒトはなぜ笑うのか
――ユーモアが存在する理由
四六判　3,500円
15432-6

W・V・O・クワイン
ことばと対象
四六判　4,200円
19873-3

W・V・O・クワイン
論理的観点から
――論理と哲学をめぐる九章
四六判　3,000円
19887-0

ウィリアム・フィッシュ
知覚の哲学入門
Ａ５判　3,000円
10236-5

W・G・ライカン
言語哲学
――入門から中級まで
Ａ５判　3,600円
10159-7

勁草書房刊

＊表示価格は2016年5月現在。消費税は含まれておりません。